Hans-Jürgen van der Gieth • Ulli Potofski

Bibliografische Information der Deutschen Bibliothek
Die Deutsche Bibliothek verzeichnet diese Publikation in der Deutschen Nationalbibliografie; detaillierte bibliografische Daten sind im Internet über www.dnb.de abrufbar.

www.buchverlagkempen.de

1. Auflage, Kempen 2022
© 2022 BVK Buch Verlag Kempen GmbH, Kempen

Nach der neuen deutschen Rechtschreibung

Alle Rechte dieser Ausgabe vorbehalten durch
BVK Buch Verlag Kempen GmbH

Lektorat: Hildegard van der Gieth, BVK; Ilka Bonten-Löwenhag, BVK
Umschlaggestaltung: Robin Fleischer, BVK, unter Verwendung
der Fotos von © stock.adobe.com
Gestaltung: Robin Fleischer, BVK
Fotos: © stock.adobe.com
Druck / Bindung: Jettenberger Internationale Druckagentur,
D-Königsbrunn

Printed in Europe

Best.-Nr.: LI135, ISBN 978-3-96520-196-5

Inhaltsverzeichnis

1.	Ohrfeigen tun weh	6
2.	Peinliche Fragen	16
3.	Ein schlechtes Gewissen	23
4.	Erfolgreich im Sport	30
5.	Das verdammte Video	33
6.	Eine Verabredung	38
7.	Viele Bilder im Kopf	45
8.	Ein Stadtfest läuft aus dem Ruder	51
9.	Unterschiedliche Meinungen	58
10.	Spannende Schulstunde	60
11.	Was ist eigentlich richtig?	63
12.	Neues Spiel	68
13.	Stress mit der Mutter	77
14.	Mädchenabend	81
15.	Geschwisterstreit	85
16.	Die totale Katastrophe	88
17.	Unerwartete Strafe	107
18.	Besuch im Krankenhaus	111

1 Ohrfeigen tun weh

„Opfer, Opfer!", rufen die Kinder im Chor, als Paul sich in seinem Seil verheddert und auf den Boden fällt. *Platsch* – mit beiden Knien landet er im Dreck. *So ein Mist!,* denkt er.
Er hat das Spiel verloren.

Das Spiel, es ist nicht kompliziert, eigentlich total einfach: Seilchen springen. *Mach ich doch locker, ein Kinderspiel,* denkt Paul. Wer als Erster auf das Seil tritt oder stolpert, hat verloren … So einfach!

Sie springen bestimmt schon zwei, drei Minuten. Sie, die Clique. Das sind Ben und Meik. Mustafa,

Jeremy, Paul, auch Diego und Rebecca, die spanischen Zwillinge, gehören dazu. Und dann noch Emma, die eigentlich nicht so richtig dazugehört, aber doch meistens dabei ist. Nur mit Rebecca quatscht sie den ganzen Tag.

Immer noch brüllen alle: *„Opfer, Opfer!"* Ätzend findet Paul das. *Alle machen sich über mich lustig, diese Spastis!,* denkt er. Paul ärgert sich total, dass er der Verlierer von diesem blöden Spiel ist. *Wie dämlich kann man sein! Warum musste ich auf das Seil treten? Warum bin ich auch noch auf den Boden gestürzt? Was gibt es jetzt wohl für eine Strafe?,* schießt es ihm durch den Kopf. Beim ersten Mal, als sie ein solches Spiel gespielt hatten, war Mustafa der Verlierer. Er musste zwanzig Kniebeugen hintereinander machen. Das war okay, das hätte Paul auch locker geschafft. *Na ja, allzu schlimm wird es wohl nicht werden,* beruhigt Paul sich selbst. Aber die *„Opfer, Opfer"*-Rufe findet er schon echt blöd.

„So", ruft Ben alle zusammen, „jetzt kommt die Strafe." Schnell treffen sie sich in der Mitte der

Lichtung, um den Verlierer zu bestrafen. Paul findet das alles ganz komisch und überhaupt nicht lustig. Er steht nicht gerne im Mittelpunkt. Und auch noch als Verlierer. Ziemlich blöd!

Die Sonne ist schon hinter den Bäumen abgetaucht. Durch die Schatten wirkt die Lichtung richtig gruselig. Genau über den Kindern fliegen zwei Vögel aufgeregt hin und her und machen dabei einen Höllenlärm. So, als würden sie vor einer nahen Gefahr warnen.
„Heute", beginnt Ben, „bekommt der Verlierer als Strafe von jedem von uns Ohrfeigen, auf jede Backe eine. Und zwar ordentliche, nicht nur so ein Streicheln. Also los! Stellt euch in einer Reihe auf."
Ben spricht wie ein Feldherr. **Er ist der Boss. Die anderen müssen tun, was er will.**
„Das ist doch kein Spiel mehr!", wehrt sich Paul. „Wir …" Weiter kommt er nicht.
Ben brüllt ihn sofort an: „Du Weichei, hast wohl Angst, dass es wehtun könnte. Nix da, Strafe muss sein. **Wer verliert, wird bestraft!**" Und Ben legt nach: „Wenn du nur **einen** Ton von dir gibst,

rumjammerst oder so, musst du noch mal ran. Dann gibt es eine zweite Runde. Und ihr pfeffert ihm so richtig eine. Wenn ich sehe, dass jemand ihm keine ordentlichen Ohrfeigen verpasst, kommt er selbst dran. Kapiert?"

Das war jetzt aber eine richtige Ansage von Ben! Ganz klar: Ben ist der Chef der Clique! Niemand hat ihn gewählt. Es hatte sich einfach so ergeben, das mit dem Chefsein. Er ist der Mutigste, wenn es darum geht, gefährliche Sachen zu machen. Wie über die Schienen balancieren und erst zur Seite springen, wenn man den Zug schon kommen hört. Er ist schon nachts alleine in das leer stehende Haus am Ende der einsamen Straße hinter dem Friedhof geschlichen. Hatte keine Angst – hat sie auf jeden Fall nicht gezeigt. Mal was klauen, im Supermarkt eine Cola oder eine Tafel Schokolade mitgehen lassen, macht er ganz locker, das macht ihm nichts aus. Da kennt er nichts. *Ist doch cool,* meint er nur. Und solche Sachen eben, die sich andere aus der Clique nicht trauen, die traut sich Ben. Dabei ist er gar nicht der Größte oder der Stärkste. Er ist eher klein und schmächtig. Aber allein schon mit seiner schicken Frisur, kurz geschnitten wie so viele der Bundesligaspieler, wirkt er nicht nur älter, sondern auch sehr selbstbewusst. Das liegt auch daran, wie er auftritt, wie er redet. Und so ist er der Boss. **Er hat sich selbst zum Boss gemacht!** Ganz klar. Und alle finden es okay. Besonders Meik. Er glaubt Ben jedes Wort. Und er tut immer, was Ben will.

Ben und Meik sind die Ältesten in der Clique. Sie sind beide 11 und gehen aufs Gymnasium, in die 5. Klasse. Alle anderen sind in der Grundschule, alle in derselben Klasse, der 4b der Städtischen Grundschule.

„Das ist brutal!", kann Paul es immer noch nicht fassen, welche Strafe er bekommen soll. „Ihr könnt mich nicht verprügeln! Wir sind doch alle Freunde, wir sind eine Clique!"

„So ist das Spiel, du Opfer, stell dich nicht so an. Du bist eben heute der Loser. Und jetzt hör endlich auf zu jammern. Los Leute: Alle in einer Reihe aufstellen", wiederholt Ben seine Ansage von vorhin. Und alle gehorchen ihm und stellen sich in einer Reihe auf. Paul steht ungläubig da und hofft, dass irgendjemand von den anderen sich für ihn einsetzt, ihm hilft. **Aber alle schweigen!**

„Das ist ein Scheißspiel", gibt er sich immer noch nicht geschlagen. Er kann die Strafe einfach nicht akzeptieren. Trotzig ruft er: „Ja, ein Scheißspiel ist das!" Dabei macht er ein paar Schritte rückwärts. Es sieht fast so aus, als würde er abhauen wollen. Da hält Ben ihn an einem Arm fest und schaut ihn ganz böse an.

„Los, du Feigling, stell dich nicht so an", meint nun auch Rebecca, die endlich will, dass es vorbei ist.

Wegen Rebecca ist es Paul besonders peinlich, dass er als Loser dasteht. Er mag das schwarzhaarige Mädchen mit ihren dunklen Augen. Und er mag, dass sie immer so fröhlich ist. Vielleicht ist er sogar ein bisschen verliebt in sie. Aber jetzt ist er sauer auf sie, sauer, dass gerade sie sagt, er soll sich nicht so anstellen. In diesem Moment ist Paul nicht besonders nett zu ihr und wehrt sich: „Halt die Klappe, du kannst froh sein, dass dich dein Bruder überhaupt zu uns mitbringt."

„Pah, ich bin genauso alt wie er. Wir sind nämlich Zwillinge, du Vollpfosten. Wenn du es noch nicht

kapiert hast: Zwillinge sind gleich alt."
„Als wenn ich das nicht wüsste! Klar sind Zwillinge gleich alt. Aber ..."
„Hör endlich auf zu labern, Paul. Los, hol dir deine Strafe ab. Du bist das Opfer und ein Opfer muss bestraft werden. So sind die Spielregeln", mischt sich Meik ein.

Paul gibt auf. Mit gesenktem Kopf geht er langsam an der Reihe der Kinder vorbei, die sich – so wie Ben es will – nebeneinander aufgestellt haben. Von jedem aus der Clique bekommt Paul nun Ohrfeigen. Dabei schaut ihm keiner in die Augen. Irgendwie ist wohl jeder froh, dass er es hinter sich gebracht hat. **Aber alle tun es!** Alle schlagen sogar ziemlich hart zu. Paul gibt keinen Laut von sich. Er merkt, wie sein Kopf anfängt zu dröhnen. Seine Wangen werden heiß und rot. Als er von jedem Kind zwei Ohrfeigen verpasst bekommen hat, dreht er sich um. Er schaut niemanden mehr an und läuft sofort weg, weg von der Lichtung.
Ben hat das Ganze mit seinem Handy gefilmt. Jede einzelne Ohrfeige, jeden Schlag hat er aufge-

nommen. Wofür? *Das schick ich gleich heute Abend herum. Alle, die das sehen, lachen sich bestimmt kaputt,* freut er sich jetzt schon.

Die Stimmung in der Clique ist ziemlich mies. Keiner sagt etwas, als Paul verschwindet.
Nur Ben lacht und meint: „Lasst ihn einfach laufen, der kriegt sich schon wieder ein. Morgen hat er das schon vergessen. Er war heute eben der Loser. Und damit fertig!"
Komisch, eben noch fanden sie das Spiel alle super. Und dann war Paul auf das Seilchen getreten und gestürzt. Natürlich war jeder froh, dass er es nicht selbst war, sondern dass es Paul erwischt hatte. Er hatte das Spiel verloren. So war es nun mal bei einem Spiel, es gab Gewinner und Verlierer. Anschließend kam die Strafe, der Befehl von Ben, die Ohrfeigen. Sie dachten daran, wie Paul die Strafe nicht okay fand. Dass er geohrfeigt wurde. Ohrfeigen, die richtig wehtaten.
Aber alle hatten sie mitgemacht!
Keiner hatte gesagt, dass er die Bestrafung doof findet. Dass die Strafe zu hart ist, dass man seinem

Freund keine Ohrfeigen geben darf. **Nein, sie waren alle zu feige gewesen!**

Jeremy hockt auf einem Baumstamm und streckt seine Beine von sich. Mit einem kleinen Stock zieht er Kreise in den sandigen Waldboden. Er scheint nicht mehr mitzubekommen, was um ihn herum passiert. Auch bei Emma und Rebecca, bei denen sonst den ganzen Tag der Mund nicht stillsteht, die sich immer was zu erzählen haben, herrscht Funkstille. Selbst Meik, der ja immer total begeistert ist von Ben und dem, was er sagt, was er tut, liegt ausgestreckt auf dem Waldboden und starrt nur in den Himmel.

„Hey, ihr Spaßbremsen, was ist los mit euch?", weckt Ben die anderen aus der Clique aus ihren Gedanken. „Wie sieht's aus, Samstag SQUID GAME? Meine Eltern sind nicht da. Da stört uns niemand. Wird bestimmt lustig …"

„Alles klar!", meint Jeremy, und Meik antwortet sofort, dass er natürlich dabei sein wird.

Die anderen nicken kurz und grummeln so was wie „Geht klar." oder „Ich bin dabei!".

„Bis Samstag", verabschiedet sich Ben, schnappt sich sein Fahrrad und saust in Windeseile davon. Schnell springt auch Meik auf sein Rad und jagt hinter Ben her.

Der Rest der Clique macht sich ebenfalls auf den Heimweg.

2 Peinliche Fragen

Langsam geht Paul durch das kleine Wäldchen nach Hause. Verstohlen wischt er sich die Tränen weg. *Wieso haben die anderen mitgemacht und mich geschlagen? Wir sind doch eine Clique, wir sind Freunde,* geht es Paul immer wieder durch den Kopf. Und es tut immer noch weh. Vorsichtig betastet er sein Gesicht. Es fühlt sich anders an als sonst und es ist wohl auch dicker. Bei der kleinsten Berührung zuckt er zusammen. *Ich bin bestimmt ganz rot im Gesicht.* Paul macht sich Sorgen, was seine Eltern sagen werden, wenn sie ihn so sehen.
Zu Hause angekommen, schleicht sich Paul gleich leise die Treppe hinauf. Seine Mutter hat ihn trotzdem gehört. Damit sie ihn erst gar nicht

ansprechen kann, ruft er direkt in Richtung Küche, dass er noch ein paar Hausaufgaben machen müsse. „Gleich kommst du aber zum Abendessen nach unten!", ruft sie ihm schnell hinterher. „Papa und Julia kommen jeden Moment."

So ein Mist, denkt Paul, *dann sehen die ja mein rotes Gesicht. Was soll ich denen bloß verklickern? Dass ich gegen eine Straßenlaterne gelaufen bin oder einen Sturz mit dem Fahrrad hatte und die Straßendecke mit dem Gesicht geschrubbt hab? Dass ich heute einen Sonnenbrand bekommen habe – aber so heiß war es gar nicht.* Jedenfalls muss sich Paul noch was einfallen lassen. Irgendeine Erklärung, die ihm seine Eltern auch abnehmen. Er schaut in den Spiegel an der Tür seines Kleiderschranks. Die vielen Ohrfeigen haben sein Gesicht ganz schön zugerichtet, total rot ist es. Aber erst einmal muss er die Mathe-Aufgaben machen. Obwohl er mit Mathe eigentlich keine Schwierigkeiten hat, kann er sich heute nicht so richtig auf die Aufgaben konzentrieren. So, als hätten die Ohrfeigen sein Gehirn durcheinandergewirbelt.

Nach nicht einmal zehn Minuten ruft die Mutter: „Paul, Abendessen ist fertig! Papa ist gerade nach Hause gekommen und Julia wird jede Minute vom Training da sein." Nach einer kurzen Pause: „Paul, nun komm endlich oder brauchst du eine schriftliche Einladung?"

Es gibt keine Chance mehr für Paul. Er muss zum Abendessen erscheinen, sonst gibt es Ärger. Seine Eltern können es einfach nicht leiden, wenn sie nicht zusammen essen. „Wenigstens eine gemeinsame Mahlzeit möchte ich mit meiner Familie haben!", wünscht sich sein Vater immer etwas altmodisch. „Das sollten wir wohl schaffen!"

Bevor er nach unten geht, schmeißt Paul sich eine Handvoll Wasser ins Gesicht, tupft es mit einem Handtuch vorsichtig ab und stiefelt anschließend die Treppe hinunter. In der Essecke sitzen schon alle um den Tisch herum. Auch Julia ist von ihrem Judotraining eingetrudelt.
„Da bist du ja endlich", begrüßt ihn seine Mutter, „wir können sofort essen."

Schnell schlüpft Paul an seinen Platz. Er hält dabei den Kopf verdächtig tief nach unten, versteckt sich hinter seinen dunklen Haaren, die er tief ins Gesicht fallen lässt. Abends gibt es bei Pauls Familie immer warmes Essen. Schließlich ist der Vater den ganzen Tag arbeiten. Darum gibt sich die Mutter mit der Zubereitung des Essens immer besonders viel Mühe. Paul lädt schnell Bratkartoffeln auf seinen Teller und nimmt reichlich von der appetitlich angerichteten Salatplatte. Dazu kippt er sich ein paar Löffel mit leckerer Joghurtsauce über den Salat. Seinen Kopf hält er immer noch ziemlich weit nach unten und – schneller als sonst – beginnt er zu essen.

„Du scheinst ja heute einen Riesenhunger zu haben", meint sein Vater. „Ich wünsche allen einen guten Appetit."

Bisher ist niemandem Pauls gerötetes Gesicht aufgefallen. Bis plötzlich Julia zu ihrem Bruder hinüberschaut – und natürlich sofort losplappert: „Ey, Paul, was hast du denn mit deinem Gesicht gemacht? Voll rot ist das! Hast du dich etwa geschminkt?"

„Quatsch!", blafft Paul sie direkt an, und sein Gesicht wird noch röter, weil er sich über die Bemerkung seiner Schwester ärgert. Und weil er wütend ist und sich gleichzeitig schämt.

„Tatsächlich!", meint seine Mutter. „Was ist los, Paul? Du hast ja wirklich einen ganz roten Kopf! Hast du Fieber? Wirst du krank?"

„Nee, ich hab mir das Gesicht gewaschen und es wohl zu doll mit dem Handtuch abgerieben", antwortet Paul und schaut dabei nicht ein einziges Mal von seinem Teller hoch. Er konnte noch nie besonders gut lügen oder etwas vor seinen Eltern verheimlichen. *Hoffentlich glauben sie mir!*, denkt er.

„Du hast bestimmt Fieber, lass mal fühlen", lässt seine Mutter nicht locker.

„Nein, ich hab kein Fieber", versucht Paul, seine Mutter zu besänftigen. „Ich fühl mich eigentlich ganz fit, weißt du, mir war nur etwas heiß. Kommt bestimmt von den Mathe-Aufgaben, die waren heute echt schwer." Paul hofft, dass nun endlich nicht mehr über seinen roten Kopf gesprochen wird.

„Nun lasst ihn mal in Ruhe essen", beendet sein Vater tatsächlich die Diskussion. Paul ist erleichtert.

Wieder in seinem Zimmer angekommen, schaut er erst einmal in den Spiegel. Tatsächlich ist sein Gesicht feuerrot und es brennt, als hätte er einen heftigen Sonnenbrand. Es scheint auch immer dicker zu werden. *Mist,* denkt er, *wenn ich jetzt auch noch ein megafettes Gesicht kriege, werden Mama und Papa bestimmt ganz genau nachfragen. Dann kann ich bald die Wahrheit nicht mehr verheimlichen.*
Schließlich ruft Paul nach unten, dass er nach seinen Hausaufgaben direkt ins Bett gehen würde. „Morgen schreiben wir eine Deutscharbeit. Dafür muss ich noch ein bisschen lernen." Sie haben in Deutsch einen Kinderroman gelesen. Da ging es um Freundschaft, und er findet die Geschichte richtig gut. Er hätte auch gerne so Freunde wie im Buch. Na ja, das war eben nur eine Geschichte, die sich jemand ausgedacht hat. In echt gibt es das vielleicht gar nicht. *Richtig gute Freunde zu finden, ist schwer,* denkt Paul, bevor er das Buch weglegt. Er macht das Licht aus und kuschelt sich in sein Bettzeug. Heute kann er aber nicht so schnell einschlafen wie sonst. Zu viele Gedanken schwirren ihm im Kopf

herum. Dabei geht es immer wieder um das Spiel, das sie heute Nachmittag gespielt haben.

Und – natürlich – um die Ohrfeigen, um seine Strafe, weil er der Verlierer war, der Loser. Er kann es immer noch nicht fassen, dass seine Freunde ihn so bestraft haben, nur weil er ein Spiel verloren hat. Und dass alle mitgemacht haben – das kann er überhaupt nicht verstehen. *Hätte ich den Loser auch geschlagen?*, fragt er sich.

Was hätte ich getan?

Tatsächlich eine schwierige Frage. Eine richtige Antwort findet er nicht. Mit diesen Gedanken schläft Paul schließlich ein.

3 Ein schlechtes Gewissen

Abgehetzt kommt Meik nach Hause. Seine Mutter ist schon ganz nervös und blafft ihn direkt an: „Verdammt, Meik, du weißt doch, dass ich heute Abend arbeiten muss. Ausgerechnet dann kommst du so spät nach Hause. Los, wasch dir die Hände und iss was. Ein bisschen Beeilung, wenn ich bitten darf."

So ein Mist, denkt Meik, *jetzt ist Mama auch noch sauer auf mich. Tut mir ja leid, dass ich zu spät bin. Aber wenn ich daran denke, dass ich heute Abend wieder Babysitter spielen muss, krieg ich schon jetzt die Krise!*

Meiks Mutter hat zweimal die Woche einen Nebenjob. Sie kellnert in „Bernies Eck", einer

Kneipe, nicht weit weg von ihrer Wohnung. So richtig toll findet Meiks Mutter den Job nicht. Er hat mal mit angehört, wie sie zu ihrer Freundin sagte: „Das ist manchmal zum Kotzen, ehrlich. Diese besoffenen Typen versuchen immer, einen anzumachen. Scheißkerle. Aber ich muss den Job machen, sonst reicht das Geld nicht. Im Supermarkt verdiene ich einfach zu wenig."
Was ihre Freundin antwortete, konnte Meik nicht hören. Aber was seine Mutter sagte, bekam er deutlich mit: „Klar, die Wohnung ist zu teuer – und die Kinder brauchen immer mehr. Mit Frank habe ich schon mal darüber gesprochen. Aber er will die Kinder auf keinen Fall zu sich nehmen. Seine neue Freundin, die Birte, du weißt schon, die mit den langen blonden Haaren aus dem Kosmetikstudio, hat ja selbst schon drei Kinder. Und Lena und Meik noch dazu – das wär ihm und besonders wohl seiner Neuen echt zu viel. Kann ich irgendwie verstehen."
Will Mama uns loswerden, dachte Meik, *mich und Lena? Das kann ja wohl nicht wahr sein! Weil wir ihr zu teuer sind?* Er bekam in dem Moment richtig

Angst, denn er wollte auf keinen Fall zu seinem Vater ziehen. Schon mal gar nicht zu der blonden Freundin mit den drei Kindern.

Seit sein Vater nicht mehr bei ihnen wohnt, ist vieles ziemlich schwierig geworden. Vor allem fehlt immer Geld. Seine Mutter muss einfach viel zu viel arbeiten. Und oft reicht es nicht, um über die Runden zu kommen. Mal schöne Sachen machen, ins Kino gehen, neue Klamotten kaufen, in Urlaub fahren – das ist alles seit den zwei Jahren, seitdem Papa weg ist, nicht mehr drin. Und Mama ist viel hektischer und ungeduldiger geworden. Fast immer ist Meik derjenige, der es abbekommt. „Du musst endlich vernünftiger werden", erwartet seine Mutter von ihm. „Übernimm mal Verantwortung!" Und das heißt meistens, dass er auf seine jüngere Schwester aufpassen soll. Er mag seine Schwester sehr. Aber wenn er sich mit der Clique trifft, ist sie einfach nur lästig. Sie gehört eben nicht dazu und ist ja auch erst in der 1. Klasse. Außerdem will er nicht, dass sie mitbekommt, was er so macht.

Mit seinem Vater verstehen Lena und er sich eigentlich gut. Seit er nicht mehr bei ihnen wohnt, ist er viel netter zu ihnen. Nicht mehr so gestresst. Früher haben seine Eltern nur gestritten. Ständig gab es Vorwürfe – auf beiden Seiten. Meiks Mutter meinte zu Papa: „Du arbeitest zu viel, bist zu selten zu Hause. Und du kümmerst dich viel zu wenig um Lena und Meik." Papas Antwort war: „Lass mich einfach in Ruhe. Ich muss schließlich das Geld reinholen. Das Geld, das du mit vollen Händen rauswirfst. Hör bloß auf, mir Vorwürfe zu machen!" Es gab immer Streitereien um so alltägliche Dinge. Schließlich hatte Papa gesagt, dass er es nicht mehr aushalten könnte und ausziehen würde. „Dann geh doch zu deinem Flittchen", schrie seine Mutter ihn damals an. Denn mittlerweile hatte Vater eine Freundin, was die Mutter erst seit kurzer Zeit wusste. Und das gab ihr wohl den Rest. Seitdem sprachen seine Eltern kaum noch miteinander. Ihr Vater war eines Tages einfach ausgezogen.

„Ich komme sofort. Du kannst ruhig zur Arbeit gehen. Ich pass schon auf Lena auf, kannst dich drauf verlassen", besänftigt Meik seine Mutter.

„So wie ich mich darauf verlassen kann, dass du pünktlich zu Hause bist? Ja, ja, du kannst mir viel erzählen", wirft ihm seine Mutter vor.

Meik merkt, dass sie wieder total gestresst ist. „Tut mir leid, ich hatte …", stottert er.

„Es tut dir immer leid. Du solltest lieber mal vorher nachdenken, dann müsstest du dich nicht ständig entschuldigen", hört seine Mutter nicht auf, ihm Vorwürfe zu machen. „Pass wenigstens gut auf Lena auf! Ich bin jetzt weg. Du weißt, sie muss um acht im Bett liegen – und sofort schlafen, nicht noch irgendwas spielen oder so. Und du gehst bitte spätestens um neun ins Bett. Ist das klar? Und denk daran, der Fernseher bleibt aus!"

„Geht klar!", ruft Meik ihr hinterher und ist froh, als die Wohnungstür endlich ins Schloss fällt.

Meik ist nicht gut drauf an diesem Abend. Nicht nur die Vorwürfe und der Stress mit seiner Mutter sind daran schuld. Nein, es ist noch etwas anderes, das ihn beschäftigt. Zuerst weiß er nicht so genau, warum er so schlecht drauf ist. Denn schließlich ist seine Mutter nun erst einmal aus dem Haus. Er ist allein mit seiner Schwester und kann eigentlich tun und lassen, was er will. Aber seine Stimmung ist mies. Die Bilder von dem Spiel auf der Lichtung im Wald gehen ihm nicht mehr aus dem Kopf. Eigentlich hatte es ja total Spaß gemacht zu gucken, wer als Erster beim Seilchenspringen stolpert. Seilchenspringen, so ein Kinderspiel, das kann ja wohl jeder. Trotzdem musste man sich schon ganz schön konzentrieren. Und es war ziemlich anstrengend. Zum Glück hatte er kein Problem damit. Aber dann, als Paul sich in seinem Seil verhedderte, hängen blieb und auf den Boden knallte ...

Heute im Wald war er froh, dass Lena nicht dabei war und dass sie auch die Strafaktion nicht mitbekommen hatte. Wenn er ehrlich war, wusste er auch nicht, welche Erklärung er dafür gehabt hätte. Obwohl Meik eigentlich immer zu Ben steht, hat er ein schlechtes Gewissen. *Eigentlich hätte es ja gereicht, dass es einen Verlierer gab, diesmal eben Paul. Und zum Spiel gehörte eben auch eine Strafe für den Verlierer. Warum konnten es nicht wie bei Mustafa Kniebeugen sein – oder etwas Ähnliches? Das hätte*

doch gereicht! Nein, Ben musste ja unbedingt eins draufsetzen, unbedingt eine härtere Strafe verhängen. Er ist da eiskalt und hart.
Ein Verlierer musste seine gerechte Strafe bekommen, bei diesem Spiel eben die Ohrfeigen. *Paul hatte echt Angst,* erinnert sich Meik. *Jeder von uns hat ihn geschlagen. Das gehörte eben zum Spiel!*
Und noch ein Gedanke geht ihm nicht aus dem Kopf: *Das war wirklich grober Mist! Wie konnten wir ihn alle einfach so schlagen?*
War das wirklich alles nur ein Spiel?

4 Erfolgreich im Sport

Rebecca und Diego sind allein zu Hause. Ihre Eltern müssen viel arbeiten. Sie haben ein Schnellrestaurant, direkt an einer Hauptstraße Richtung Autobahn. Und da ist immer was los. Oft kommen ihre Eltern nicht vor zehn, elf Uhr abends nach Hause. Da müssen die Kinder schon lange im Bett liegen. „Wir verlassen uns auf euch! Um spätestens neun geht ihr ins Bett", sagen sie und erwarten, dass sich die Kinder daran halten.

Die Zwillinge verstehen sich gut. Sie haben die gleiche Clique, spielen oft zusammen und sind im selben Sportverein. Beide sind totale Fußballfans und spielen sogar gemeinsam in der D-Jugend. Mädchen dürfen hier noch in Jungenmannschaften

mitspielen. Rebecca ist eine der Besten, spielt im Angriff, meist auf der rechten Seite, manchmal im Zentrum. Sie ist echt schnell. Und dabei hat sie ein paar Tricks drauf, bei denen sie ihre Gegenspieler oft alt aussehen lässt. Diego ist mehr der Spieler fürs Mittelfeld. Er kann die Bälle gut verteilen und sieht den „freien Mann".
„Der wird später mal eine richtig gute Zehn", sagte einmal ihr Trainer zu Diegos Eltern. „So wie der das Spiel ‚lesen' kann – toll für sein Alter. Und Rebecca kann es ziemlich weit bringen. Ob es für ganz oben reichen wird, kann man heute noch nicht sagen. Ich könnte es mir vorstellen. Ihre Technik und ihre Schnelligkeit sind schon heute außergewöhnlich."
Solche Aussagen machen die Eltern der Zwillinge natürlich richtig stolz. „Wir werden unsere Kinder unterstützen, wo wir nur können", versprach der Vater.

Heute spielen die beiden zusammen an der Spielkonsole. Sie sind aber nicht so richtig bei der Sache. „Fandest du das richtig?", fragt Rebecca. Dabei denkt sie daran, dass sie es war, die Paul so heftig zugesetzt hatte mit ihrer Bemerkung, er solle sich nicht anstellen. Das tut ihr nun besonders leid, denn sie mag Paul ein bisschen mehr als andere Jungs.

„Was?", fragt Diego nach.

„Heute im Wald, das mit Paul, das wir ihm alle Ohrfeigen gegeben haben?"

„Ich weiß nicht. War schon irgendwie komisch."

„Wir können doch nicht jemanden aus unserer Clique schlagen!"

„Es war nun mal das Spiel. Und du hast ihn doch selbst angemacht, weil er so 'nen Schiss hatte. Du hast ihm doch auch Ohrfeigen gegeben!"

„Ja, ich weiß, das war blöd. Tut mir jetzt auch leid. **Ein Spiel, bei dem jemand geschlagen wird, ist eigentlich doof.** Oder?"

„Paul hat das Spiel verloren. Er war der Loser."

„Klar. Aber ihn deshalb zu schlagen? Nach einem Fußballspiel werden die Verlierer ja auch nicht verprügelt."

5 Das verdammte Video

Als Paul am nächsten Morgen in der Schule ankommt, bemerkt er sofort, dass er von einigen Kindern blöd angeschaut wird. Manche grinsen, andere tun so, als würden sie sich eine Ohrfeige geben. Einer aus der Parallelklasse ruft: „Ey, du, tut's immer noch weh?"

Woher wissen die von den Ohrfeigen?, fragt sich Paul. Er sieht, wie drei Mädchen ihre Köpfe zusammenstecken und auf ihr Smartphone starren. Sie lachen plötzlich laut los. Als sie hochschauen, entdecken sie Paul: „Da, das ist er, das ist Paul aus dem Video, der hat die Ohrfeigen bekommen."

In dem Augenblick wird ihm klar, dass gestern alles gefilmt worden ist, dass jemand von der Bestrafung

ein Video gemacht hat. *Wer hat das getan?*, denkt Paul. Und gleich darauf ist ihm klar: *Das kann nur Ben gewesen sein! Dieser …!* Böse Gedanken gehen Paul durch den Kopf. Sein Gesicht wird feuerrot, noch röter, als es sowieso schon ist, weil er wütend ist und weil er sich schämt. Wenn er nur daran denkt, dass sie sich alle kaputtlachen, wenn sie das Video sehen – genau wie die Mädchen gerade.
Später, in der ersten Stunde, hat er das Gefühl, dass ihn alle anschauen. *Die haben es bestimmt gesehen,* denkt Paul. Aber niemand spricht ihn an, und er sagt ebenfalls nichts. Zu sehr schämt er sich. Zu wütend ist er. Als Rebecca auf ihn zukommt, sagt er nur zu ihr: „Sorry, kann jetzt nicht mit dir reden." Rebecca ahnt natürlich, dass es wegen des Videos ist, das sie auch schon gesehen hat.

In der großen Pause geht Paul aufs Klo. Gerade, als er vor dem Spiegel steht und sein Gesicht betrachtet, kommt Diego herein.
„Hey, Paul", begrüßt er ihn ganz locker. *Ob Diego das Video noch nicht gesehen hat?*, fragt sich Paul. *Komisch!*

„Hallo, Diego", antwortet Paul.
„Wieder alles klar bei dir? Hat's doll wehgetan, die Ohrfeigen, meine ich?", will Diego von ihm wissen.
„Gestern schon, alles brannte und das Gesicht war feuerrot und geschwollen. Aber jetzt tut es nicht mehr weh, fühlt sich nur noch ein bisschen komisch an – und ist noch rot", antwortet Paul.
Diego spricht ganz normal mit Paul.
„Du, Diego, sag mal, kennst du nicht das Video?", fragt ihn Paul.
„Welches Video?", hakt Diego nach.
„Es gibt ein Video von den Ohrfeigen, gestern, im Wäldchen. Jemand hat gefilmt, wie ihr mich geschlagen habt."
Paul kann kaum ruhig sprechen, so aufgeregt ist er – und so wütend, wenn er an gestern denkt und daran, dass Ben das alles gefilmt hat. Und jetzt können es alle sehen! Dabei hat er es ja selbst noch nicht angeschaut. Er will es unbedingt sehen.
„Hast du dein Handy dabei?", fragt er Diego. „Ich darf meins ja nicht mit zur Schule bringen. Da sind meine Eltern komisch. Also, hast du?"
„Ja, klar!", antwortet Diego und zieht sein Handy

aus der Hosentasche. Wenige Augenblicke später schauen sich die beiden das Video an. In dem Moment geht die Toilettentür auf und zwei Jungs aus der 4a stürmen herein. Sofort fangen sie an zu lachen und zeigen auf Paul.

„Warum lacht ihr so blöd?", pöbelt Paul die beiden an.

„Nur so, wir dürfen doch wohl lachen!", antwortet einer der beiden.

„Und warum schaut ihr mich dabei so komisch an?", hakt Paul sauer nach.

„Quatsch, tun wir gar nicht", sagt der andere. Schon sind die beiden zu den Kabinen verschwunden und stürmen kurze Zeit später aus der Toilette.

„Siehst du, alle haben es gesehen", sagt Paul zu Diego. **„Ich bin wirklich das Opfer,** der Idiot, der Typ, dem man ein paar tüchtige Ohrfeigen verpasst hat. **Alle lachen über mich.**" Nach einer kurzen Pause spricht er weiter: „Und ihr habt mir nicht geholfen!"

„Ja, ich weiß", druckst Diego herum, „du hast total recht, das war blöd von uns, **das war feige.** Tut mir echt leid!"

„Schön, aber das hilft mir jetzt auch nichts mehr. Durch das Video bin ich für immer nur das Opfer, der Spast, der die Ohrfeigen kassiert hat und geschlagen wurde!"

6 Eine Verabredung

Emma
Hast du heute Zeit?

Rebecca
Muss mit Mama zu meiner Oma. Bin spätestens um 4 zurück.

Um 4 am Spielplatz?

Super! Machen wir. Können ja ein bisschen schaukeln. Später Eis essen.

Hab kein Geld.

Egal! Ich bezahl.

Super! Danke!

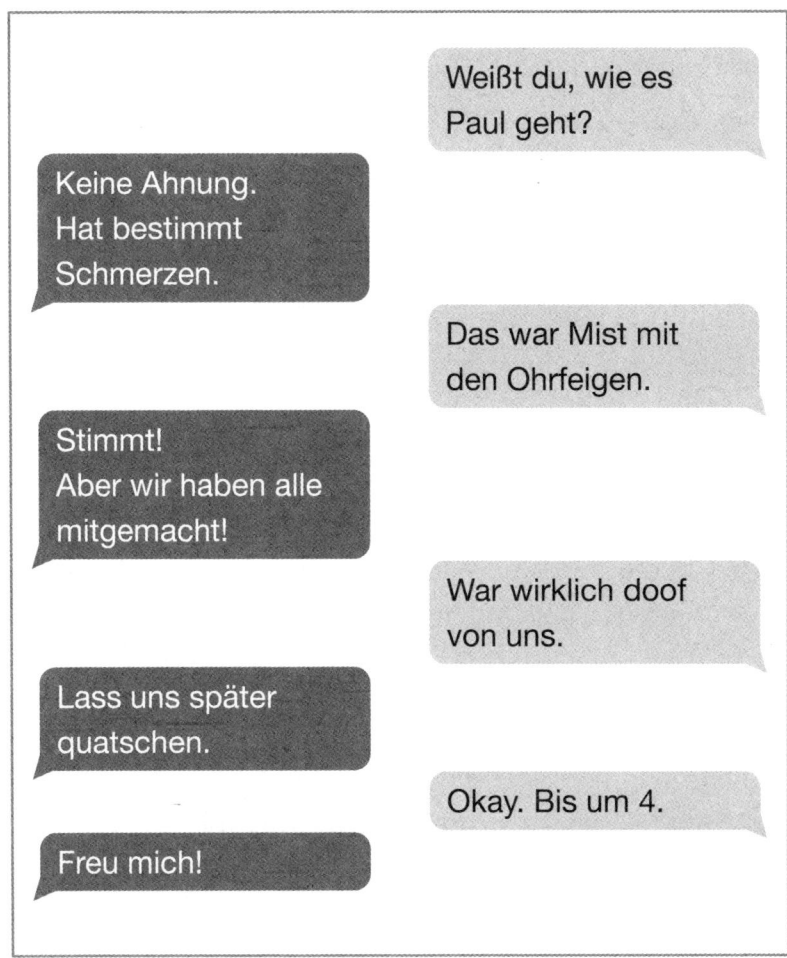

Kurz nach vier treffen sich Rebecca und Emma auf dem Spielplatz. Eine Runde schaukeln. *Ist ja eigentlich was für Kleine,* denkt Rebecca, *aber Spaß macht es trotzdem. Irgendwie leicht fühlt man sich*

dabei. Und wenn man die Augen schließt, hat man das Gefühl zu fliegen. Bald schon schaukeln die beiden Freundinnen um die Wette. Wer schafft es höher? Sie lachen und freuen sich, wie ihre Haare im Wind wehen. Wenn es ganz hoch geht, fangen sogar die Hände ein bisschen an zu kribbeln.
„Und, springen wir jetzt ab?", fragt Emma.
„Okay, auf drei", gibt Rebecca den Ton an.
„Eins, zwei, drei!" Fast gleichzeitig springen beide Mädchen von ihrer Schaukel, fliegen ein Stück durch die Luft und landen ganz weich auf dem sandigen Boden.
„Komm, wir holen uns ein Eis", schlägt Rebecca vor.
„Danke, dass du mir das Geld für ein Eis leihst. Ich hab diese Woche noch kein Taschengeld bekommen", meint Emma zu ihrer Freundin.
„Nee, nicht leihen, ich lad dich ein. Mama und ich waren ja eben bei Oma. Und die gibt mir immer extra Taschengeld. ‚Sonntagsgeld', sagt sie immer. Auch wenn es kein Sonntag ist."

Kurze Zeit später schlecken die beiden Mädchen an ihrem Eis und spazieren dabei durch die Straßen.

„Sag mal, Emma, wie findest du eigentlich den Paul?", fragt Rebecca ihre Freundin.

„Mit oder ohne roten Kopf?", antwortet Emma ganz spontan. „Tut mir leid, das war gemein. Wir haben ihm bestimmt wehgetan gestern." Wenn Emma mit Rebecca alleine ist, verliert sie all ihre Schüchternheit. Da ist das kleine, unscheinbare Mädchen mit den roten Locken manchmal richtig frech.

„Und … wie findest du nun Paul?", will Rebecca eine Antwort von ihrer Freundin.

„Ehrlich, der ist schon irgendwie süß. Aber so schüchtern. Das bin ich ja auch. Ich weiß oft nicht, was ich sagen soll."

„Ich find Paul total nett. Und dass er schüchtern ist, stört mich überhaupt nicht. Oder … eigentlich wohl. Ich glaube, er würde mich nie ansprechen. Dabei guckt er immer so rüber. Vielleicht mag er mich ja auch? Aber …", denkt Rebecca nach, während sie zu Emma spricht, „… verrat mich bloß nicht bei den anderen, dass ich Paul mag. Ich finde, der sieht ein bisschen aus wie einer von BTS."

„Dass du die Musik von denen so toll findest! Ich find die eher … langweilig. Und diese komische Choreo von denen. So übertrieben sieht das immer aus."

„Aber du mit deinem Schmusesänger, mit deinem Ed Sheeran."

„Das ist doch kein Schmusesänger! Hast du den mal rappen gehört? Super, so schnell, wie der rappen kann! So viele Wörter in ein paar Sekunden … Wahnsinn!" Emma singt einige Zeilen aus einem Song von ihrem Idol nach.

„Hey, du bist ja richtig gut! Okay …", lenkt Rebecca ein, „… ich nehme alles zurück. Schmusesänger ist falsch. Ich find Ed Sheeran ja eigentlich auch gut."

Emma wechselt das Gesprächsthema: „Seit gestern muss ich immer wieder darüber nachdenken, warum wir eigentlich alle getan haben, was Ben wollte. Wir wussten ganz genau, dass das nicht richtig war."

„Ich fühl mich auch total schlecht seit gestern. Und dann hab ich Paul richtig angemacht und gesagt, er soll sich nicht so anstellen. Verdammt, das tut mir jetzt so leid! Ich war echt bescheuert. Aber ich wollte einfach, dass die Strafe endlich vorbei ist. Jetzt hasst er mich bestimmt!"

„Glaub ich nicht. Wir waren alle ziemlich nervös und froh, als es endlich vorbei war", meint Emma.

„Dabei machen die Spiele echt viel Spaß", findet Rebecca. „Nur das mit der Strafe war komisch, das gefiel mir nicht."

„Da hast du recht", stimmt ihr Emma zu.

„Ich glaub, ich red mal mit Paul."

„Gute Idee!", findet Emma und schaut auf ihr Smartphone. „Oh, so spät schon! Ich muss nach Hause. Bei uns gibt es sonst Stress, wenn ich nicht pünktlich zum Abendessen auftauche."

Am selben Abend schreibt Rebecca eine WhatsApp an Paul:

„Hi, Paul. Tut mir leid, dass ich gestern Feigling zu dir gesagt hab. Tschuldigung! Kommt nicht wieder vor. Du bist kein Feigling. Du warst sogar sehr mutig."

Kurze Zeit später antwortet Paul: „Schon vergessen. Ich fand es einfach mega ätzend, dass ihr mich alle geschlagen habt."

Rebecca antwortet ihm: „Eigentlich fand ich das auch total doof. Sollen wir morgen mal in der Schule quatschen?"
Schließlich schreibt Paul: „Geht klar. Gerne!"
Rebecca legt ihr Handy weg und denkt noch eine Weile an Paul.

7 Viele Bilder im Kopf

Bens Eltern sind übers Wochenende in ihr Ferienhaus an die Nordsee gefahren. Seine 16-jährige Schwester Lisa und er bleiben zu Hause. Mit ihr hat Ben nicht viel zu tun. Sie wird ihm am elternlosen Wochenende nicht in die Quere kommen, sie geht zu ihrer Freundin. Leicht kann er sie um den Finger wickeln. Aber meistens ist das gar nicht nötig. Lisa ist froh, wenn sie sich nicht um ihren jüngeren Bruder kümmern muss. Es ist ihr ziemlich egal, was er macht. Sie verlässt sich darauf, dass er schon keinen Mist baut, zumindest keinen, der den Eltern auffällt.

„Ich hab für alle genug zu trinken gekauft. Chips sind da und sogar Eis hab ich", begrüßt Ben die

Clique. Alle außer Paul sind pünktlich um drei Uhr da. Sie kennen das tolle Haus und waren schon ein paar Mal in Bens Zimmer. Meik war sogar schon oft bei Ben. *Sein Zimmer ist riesig und ich muss meins auch noch mit Lena teilen,* denkt er manchmal, wenn er bei Ben zu Besuch ist. Es ist eine Mischung aus Bewunderung und Neid, die Meik empfindet. Er denkt: *Bens Familie hat bestimmt keine Sorgen. Die müssen nicht jeden Euro umdrehen, wie Mama es machen muss.*

Heute will Meik solche Gedanken gar nicht erst aufkommen lassen. Er freut sich, dass sie mit der ganzen Clique SQUID GAME gucken und er alle Sorgen hinter sich lassen kann. Nur dass er Lena am Hals hat, passt ihm nicht. Aber Ben hat gemeint: „Sie kann im Zimmer meiner Schwester Cartoons anschauen. Wir versorgen sie mit Chips und Limo und haben unsere Ruhe." Und vielleicht kann er Lena so gegen sechs nach Hause bringen, da wollte seine Mutter von der Arbeit wieder zurück sein. Wenn sie nicht heute Abend überraschend in der Kneipe aushelfen muss, was ja immer häufiger vorkommt.

Die Clique macht es sich in Bens Zimmer bequem. Platz ist genügend da. Einige sitzen auf einem weichen Sofa. Andere liegen auf dem Boden oder haben es sich in einem der Sitzsäcke gemütlich gemacht. Die beiden Mädchen, Rebecca und Emma, haben gemeinsam einen Sitzsack belegt. Emma findet das toll, dass sie so nah bei Rebecca sitzen darf. Meist halten die anderen aus der Clique immer so ein bisschen Abstand zu ihr. Da sie zu nichts ihre Meinung äußert, wird sie auch nie nach etwas gefragt. Sie ist einfach viel zu schüchtern und ängstlich. Aber trotzdem darf sie immer dabei sein. Auch Paul ist inzwischen gekommen. Immer noch kann man sehen, dass mit seinem Gesicht etwas nicht stimmt und dass es noch leicht geschwollen ist. Er grüßt nur kurz in die Runde und setzt sich still in eine Zimmerecke in einen kleinen Sessel. Keiner aus der Clique sagt etwas zu ihm.
Ben grinst ihn nur an, sagt aber auch nichts. „Haben alle was zu essen und zu trinken?", fragt Ben in die Runde, ganz der perfekte Gastgeber. „Dann können wir ja loslegen."
Wenige Augenblicke später läuft der Vorspann.

Fasziniert schauen die Kinder auf den Bildschirm. Das Spiel kann beginnen! Zumindest im Fernsehen. Schon nach kurzer Zeit geht es ziemlich hart zur Sache. Die Kinder schauen wie gebannt zu. Emma und Rebecca sind immer näher aneinandergerückt, halten sich gegenseitig fest. Jeremy kaut an seinen Nägeln und Paul rutscht auf seinem Sessel unruhig herum. Er kann die Spannung kaum aushalten. Immer härter, immer brutaler werden die Szenen, die über den Bildschirm laufen. In der Serie spielen viele hundert Menschen Kinderspiele. Nur einer kann gewinnen und erhält einen hohen Geldpreis. Die Verlierer werden getötet. Paul hat das Gefühl, dass es überall in seinem Körper kribbelt.

Ben fiebert gespannt mit, scheint sich an jeder brutalen Szene zu freuen. Dabei will er so richtig cool wirken und sich seine Anspannung nicht anmerken lassen. Natürlich besitzt Ben einen ziemlich großen Fernseher. Von allen Seiten kommt der Ton, wechselt manchmal von einer Lautsprecherbox zur nächsten. So wirkt jede Filmszene spannender und bedrohlicher – irgendwie echt. Und die Clique ist live dabei. So fühlt es sich jedenfalls an. In der

Serie werden gerade die Verlierer bestraft. Ihr Blut sieht man so echt spritzen, dass die Kinder beinahe glauben, es würde ihnen aus dem Fernseher heraus entgegenfliegen. Emma schreit auf, als wieder einer, der das Spiel verloren hat, getötet wird.
Wie gebannt schauen alle auf den Fernseher.
Fasziniert und gleichzeitig abgeschreckt.

Es ist schon spät, kurz vor sieben Uhr am Abend, als die Kinder nach der dritten Folge müde, aber auch total aufgekratzt sind.
„Ich muss nach Hause", meint Jeremy und Mustafa stimmt zu: „Ja, ich auch. Um sieben essen wir alle zusammen. Ich geh mal lieber, sonst gibt es wieder Stress mit meinem Vater."
Auch Meik geht nach Hause, sauer, weil er Lena mitnehmen muss. Seine Mutter hatte ihm zwischendurch eine Nachricht geschickt, dass sie länger arbeiten müsste und er Lena nicht nach Hause bringen könnte. Nun muss er seine Schwester, die vor dem Fernseher eingeschlafen ist, nach Hause tragen. Er nimmt sie einfach Huckepack. Als sie sich im Halbschlaf an seinen Hals kuschelt, ist Meik

von einem Augenblick auf den anderen nicht mehr sauer.

Auch die anderen machen sich auf den Weg.
Als alle weg sind, hört Ben noch ein bisschen Musik. Anschließend legt er sich ins Bett. Er kann aber nicht einschlafen. Immer wieder gehen ihm die Bilder aus der Serie durch den Kopf. *Schon cool, wie manche drauf sind,* denkt er. Ein bisschen so möchte er auch sein. *Immer alles unter Kontrolle haben, immer überlegen sein, sich nicht mit dem Kinderkram beschäftigen, der bei vielen in der Clique angesagt ist.* Mit diesen Gedanken schläft er schließlich ein.

8 Ein Stadtfest läuft aus dem Ruder

Am folgenden Wochenende ist viel los in der Stadt. Beim jährlichen Stadtfest auf dem Marktplatz treffen sich Alte und Junge, Menschen aus allen Vierteln der Stadt. Die Erwachsenen trinken ein Bier oder zwei oder drei mit Freunden und Nachbarn. Kinder trinken Cola und Limo, belagern den Pommes-Stand. An den Buden mit Fischbrötchen, Hotdogs und Currywurst drängen sich die Besucher, um noch schnell den kleinen Hunger zu stillen. Die Leute stehen zusammen, erzählen und lachen miteinander. Alle sind gut drauf. Dieses Jahr spielt sogar eine Liveband. Deutsche Schlager und Oldies schallen durchs Zelt. Die alten Hits kommen beim älteren Publikum besonders gut an. So fühlen sie sich in ihre Jugendzeit zurückversetzt. Mal wieder ausgelassen tanzen und feiern. Der Alkohol fließt. Viele stehen an der Theke, reden durcheinander und brüllen laut über doofe Witze. Drumherum toben die Kinder. Sie spielen Nachlaufen, springen über die Bänke und treffen sich am Zelteingang, um sich für ein neues Spiel zu verabreden.

Natürlich darf die Clique nicht fehlen. Die meisten sind mit ihren Eltern gekommen. Nur Bens Eltern haben nach ihrem Nordseetrip keine Lust, sich in das Getümmel zu stürzen.

„Irgendwie ist mir das zu primitiv", meint Bens Mutter herablassend, „auf solchen Holzbänken in einem Zelt zu sitzen. Die saufenden Typen überall, die schreckliche Musik. Das ist nichts für uns. Und im Übrigen: Papa muss lange arbeiten. Der ist bestimmt bis zehn heute Abend im Büro beschäftigt."

„Aber meine ganze Clique kommt. Ich möchte so gerne hingehen. Von denen sind die meisten Eltern auch da. Darf ich?", bittet Ben seine Mutter ungewöhnlich zurückhaltend, schon beinahe etwas kleinlaut. Damit will er sich nur ein bisschen einschleimen bei ihr, damit sie ihm den Besuch des Stadtfestes ausdrücklich erlaubt. Und er sich nicht heimlich aus dem Haus schleichen muss.

„Meinetwegen, aber um neun, okay …, ", unterbricht sie sich selbst, als Ben ein langes Gesicht zieht, „… machen wir heute mal eine Ausnahme. Um spätestens zehn bist du hier. Dann wird Papa auch bald kommen und der muss nicht unbedingt wissen, dass du so lange alleine unterwegs bist. Verstanden?", fragt sie – und ist ganz froh, sich einen gemütlichen Abend machen zu können. Allein, ohne gestört zu werden.

„Hi, Ben, du kommst aber spät", begrüßen ihn Meik und die anderen.

„Hatte keinen Bock, schon so früh hier zu sein. Ist ja eh noch nichts los", antwortet Ben etwas genervt, als er so gegen halb fünf auf dem Marktplatz auftaucht.

Die Kinder schlendern Richtung Zelt. Dort ist das Fest in vollem Gange und die Tanzfläche gut gefüllt. Immer wieder müssen die Kinder lachen, wenn sie dabei zufällig ihre Eltern entdecken. Auch die

Klassenlehrerin von Ben und Meik ist da, sitzt mit ihrem Mann und Freunden im hinteren Teil des Zeltes.

„So hab ich Mama und Papa noch nie rumflippen gesehen", meint Jeremy, und auch Paul erkennt seine Eltern kaum wieder.

Mittlerweile ist es schon fast dunkel geworden. Die Stimmung wird immer ausgelassener. Einige sind schon so betrunken, dass sie sich kaum noch auf den Beinen halten können. Da wird es auf einmal laut an der Theke im Zelt. Und kurz darauf fliegen die ersten Bierbecher.

„Haltet ja die Schnauze, ihr verdammten Faulpelze", schreit ein kräftiger Mann in Richtung einiger Jugendlicher, die direkt neben der Theke an einem Tisch zusammensitzen.

„Hey, Alter, was willst du?", brüllt einer von ihnen zurück.

„Was hast du gesagt? Dreckskerl! Pass auf, dass ich dir nicht eine verpasse", schreit der Ältere zurück und torkelt wutentbrannt auf den Tisch der Jugendlichen zu.

„Kommt, das wird lustig", meint Ben, der die Szene beobachtet hat.

Kurze Zeit später sind der Ältere und zwei junge Männer in einen heftigen Kampf verwickelt. Alle Kämpfenden brüllen wie verrückt, so, als könnten sie dadurch den Gegner besonders schnell besiegen. Zwei weitere Erwachsene kommen ihrem Kumpel zu Hilfe. Schon springen die anderen Jugendlichen ihrem Freund bei. Im Nu ist eine heftige Massenschlägerei im Gange. Die Band hat aufgehört zu spielen. Aus den Lautsprechern tönt es: „Sofort aufhören! Seid vernünftig! Was soll dieser Mist, wir feiern hier ein schönes Fest. Auseinander! Sonst holen wir die Polizei!" Alle schauen nur noch in Richtung Theke, wo sich mittlerweile an die zehn Männer heftig prügeln. Einige bluten bereits aus der Nase. Einer der jungen Männer liegt auf dem Boden und krümmt sich vor Schmerzen. Bald fliegen die ersten Stühle durch die Luft.

Nach ein paar Minuten kommen zwei Polizisten ins Zelt und schaffen es, die Schlägerei zu beenden. „Wir brauchen einen Krankenwagen", stellt einer der Polizisten fest und ruft Hilfe. Wenig später

werden drei der Schläger ins Krankenhaus gebracht. Die Kinder der Clique haben alles genau beobachtet.
„War das nicht krass!?", meint Ben, als das Fest weitergeht. Die Band hat wieder angefangen zu spielen und einige Mädchen zappeln zur Musik auf der Tanzfläche.
Es ist schon bald halb elf, als Ben endlich nach Hause geht. Einige aus der Clique bleiben noch mit ihren Eltern im Festzelt und amüsieren sich über die vielen betrunkenen Erwachsenen. Auch Paul sitzt mit seinen Eltern an einem Tisch und wartet darauf, dass sie endlich nach Hause gehen.

Auf dem Heimweg ist Ben in einer totalen Hochstimmung. Aber er ist nicht besonders lustig und ausgelassen, sondern eher aggressiv. Aus Übermut tritt er alle Straßenlaternen aus. Beinahe hätte er laut losgebrüllt, so toll findet er das gerade. Als er an einem halboffenen Gartentor vorbeikommt, tritt er kurz dagegen, sodass es krachend aus den Angeln gehoben wird. Schnell läuft er ein paar Schritte, damit ihn niemand aus dem Haus entdecken kann. Er biegt um die Ecke. Sofort sieht er den Wagen des Nachbarn. *Idiot,* denkt er, *immer muss der vor unserem Haus parken.* Ben holt seinen Haustürschlüssel aus der Hosentasche und macht damit einen langen Kratzer über die ganze Seite des Wagens. Schnell verschwindet er im Haus. Niemand hat ihn gesehen. Ganz toll kommt er sich jetzt vor! *Könnte ich doch sehen, wie blöd der Typ guckt, wenn der morgen seinen Wagen sieht. Und seine Alte erst einmal, die Hexe, die immer nur meckert, wenn mal der Ball auf ihr Grundstück fliegt.*

9 Unterschiedliche Meinungen

Am Montag wird in der Tageszeitung ausführlich über das Stadtfest berichtet. Natürlich auch über die Schlägerei. Einer der Männer ist ziemlich schwer verletzt worden. Er müsse einige Tage im Krankenhaus bleiben, heißt es.

„Hier steht, dass bei dem jungen Mann ein Milzriss festgestellt wurde. Das muss ja richtig zur Sache gegangen sein", stellt Bens Mutter beim Lesen des Zeitungsberichtes fest. „Hab ich's nicht gleich gesagt, dass mir ein Fest in so einem Bierzelt zu primitiv ist. Ich bin froh, dass ich nicht da war."

Ben schaut sonst nie in die Zeitung, die seine Eltern am Morgen immer so intensiv studieren.

Nun aber will er unbedingt alles wissen, was über das Stadtfest berichtet wird.

„Die Schlägerei hab ich gesehen. War schon krass. Einer lag auf dem Boden und krümmte sich vor Schmerzen", berichtet er seinen Eltern. „Das ist bestimmt der aus der Zeitung, der, der im Krankenhaus liegt", erzählt er weiter.

„Da sieht man mal wieder, wozu Gewalt führen kann", stellt Bens Vater fest.

„Hast du die Schlägerei tatsächlich mit angesehen?", will die Mutter wissen.

„Klar, wir standen alle nah dabei", antwortet Ben.

„Warum bist du nicht weggegangen?", fragt ihn seine Mutter.

„Da war endlich mal was los, das wollte ich nicht verpassen", antwortet ihr Sohn.

„Das ist aber doch furchtbar, so eine Schlägerei. Und wie schnell kann man selbst hineingezogen werden", meint Bens Mutter besorgt.

„Quatsch, wir hatten ja gar nichts damit zu tun. War einfach cool, eine richtige Schlägerei!"

10 Spannende Schulstunde

In der Schule ist in Bens und Meiks Klasse das Stadtfest und natürlich die Schlägerei Thema Nummer eins. Viele Kinder aus der Klasse waren gemeinsam mit ihren Eltern im Festzelt und haben alles miterlebt. Auch ihre Klassenlehrerin, Frau Neumann, war ja da. Sie ist eine total engagierte Lehrerin, versucht immer, ganz aktuellen Unterricht zu machen. „Das, was euch interessiert", sagt sie immer, „das müssen wir auf jeden Fall im Unterricht behandeln." Und so sprechen die Kinder der 5d natürlich über die Schlägerei im Festzelt. Gut, dass die Klasse heute eine Doppelstunde bei Frau Neumann hat. So haben sie genügend Zeit, sich mit dem Thema „Festzeltschlägerei" zu beschäftigen.

„Wie war das für euch zu sehen, wie sich erwachsene Menschen so heftig prügeln?", will Frau Neumann wissen.

„Also, ich hatte richtig Angst", meldet sich Hanna als Erste zu Wort. „Nicht, dass ich selbst etwas abbekommen würde. Ich stand ja weit genug weg. Aber trotzdem hat mir alles irgendwie Angst gemacht." Hanna, die Klassensprecherin, ist kein Mädchen, das normalerweise besonders ängstlich ist. Dass sie sich in diesem Gespräch als Erste meldet und dabei zugibt, Angst gehabt zu haben, zeigt, dass sie mutig ist.

„Ich fand's ziemlich schrecklich", meint Özlem. „Ich hatte Angst, dass mein Bruder da mitmischen würde. Hat er Gott sei Dank nicht gemacht."

„Warum müssen sich Menschen eigentlich immer so schnell prügeln? Das verstehe ich nicht", meldet sich Leonie. Frau Neumann wundert sich, dass sich die meist so zurückhaltende und stille Schülerin am Gespräch beteiligt.

„Wir Menschen sind eben so", meldet sich Ben. **„Wir prügeln uns einfach gerne.** Stimmt's, Meik? Tun wir doch gern!", spricht Ben seinen Freund Meik direkt an – und grinst dabei. Meik schweigt.

„Ja, besonders ihr Jungs", kommt es von Özlem, „das kenn ich von meinem Bruder."

Und so erzählen die Kinder, wie sie die Festzeltschlägerei erlebt und wie sie sich gefühlt haben. Wie es zum Streit gekommen war und wer Schuld hatte. Sie besprechen auch, ob man nicht hätte eingreifen können.

„Was meint ihr?", mischt sich Frau Neumann wieder ein. „Ich würde gerne mit euch eine grundsätzliche Frage diskutieren, und zwar eine, die nicht einfach zu beantworten ist, das weiß ich. Aber versucht es einfach einmal. Was meint ihr: **Sind wir Menschen von Natur aus eher böse oder eher gut?**

Das ist eine wirklich schwierige Frage, die können selbst Wissenschaftler nicht so klar beantworten. Aber versuchen wir es trotzdem."

Die Lehrerin hat wohl ein Thema getroffen, das die Kinder total interessant finden, denn sie fangen direkt an zu diskutieren.

II Was ist eigentlich richtig?

Meik und Ben gehen nach der Schule gemeinsam nach Hause.

„Meinst du, dass die Neumann recht hat?", fragt Meik seinen Freund.

„Womit?", fragt Ben ihn.

„Na, dass wir wohl weder gut noch böse geboren werden. Dass wir gut oder böse werden durch die Erziehung, durch das, was wir erleben, mit wem wir umgehen und so."

„Keine Ahnung, ich weiß nur, dass ja böse nicht immer böse ist."

„Verstehe ich nicht."

„Pass auf, wenn mir einer meine Uhr oder mein Fahrrad klauen will und ich mich wehre und ihn zusammenschlage … bin ich dann böse? Weil ich einen Dieb verprügele und verhindere, dass er mir meine Sachen wegnimmt?"

„Aber vielleicht kann man das ja anders lösen, mit ihm reden und so …"

„Ja klar, ich frage den erst mal: Warum hast du mein Fahrrad geklaut? Haben deine Eltern nicht genug Geld, dir ein Fahrrad zu kaufen? Da kann ich ja verstehen, dass du meins haben wolltest … Nee, das ist doch Quatsch!"

„Aber den direkt verprügeln …?"

„Wenn ich mich nicht wehre, bin **ich** der Schwache, der Verlierer. Und: Der Schwächere verliert", stellt Ben fest. „Und wer verliert, ist unten, ist eben der Loser – und bekommt seine Strafe. Auch bei unseren Spielen ist das so. Es gibt immer einen Verlierer – und der kriegt eine Abreibung, der wird bestraft. Ist bei SQUID GAME genauso. Und bei uns hatte Paul die Strafe verdient. Ist doch klar."

Meik findet das zu einfach: „Es gibt aber Menschen, die sind vielleicht nicht so stark oder haben irgendwie Pech oder so was …"

„Ja, genau, Pech gehabt! Egal: Wer verliert, ist raus,

muss bestraft werden. So ist das Leben. In der Natur ist das auch so. Überall gewinnt der Stärkere oder der Mutigere oder der Cleverere … Der Löwe, der den anderen Löwen vertreibt, kriegt die Löwin. Auch bei uns Menschen ist das so, verstehst du?" Ben legt sich richtig ins Zeug, um seine Meinung klarzumachen.

„Ich weiß nicht, das klingt alles so … brutal, so …", meint Meik. „Und wir sind ja keine Tiere …"

„Doch, wir sind auch irgendwie Tiere, nur haben wir mehr im Kopf", ist sich Ben sicher, dass die Menschen sich nicht so sehr von den Tieren unterscheiden.

„Aber wir haben Gesetze, die haben die Tiere nicht."

„Trotzdem, auch bei uns setzen sich die Starken durch, wie bei den Tieren – oder bei den Pflanzen. Du siehst das bei **SQUID GAME**. Wer wird getötet? Na klar, die Verlierer, zur Strafe. Der Gewinner überlebt und bekommt die Kohle."

„Das ist nur in der Serie so … brutal und irgendwie nicht gut, glaube ich."

„Wieso? Wenn jemand so blöd ist und eine Aufgabe nicht richtig schafft, das Spiel verliert, hat er es nicht

besser verdient. **Nur die Stärksten setzen sich durch!"**
„Aber manche können etwas einfach nicht so gut wie andere, sind nicht so stark, nicht so geschickt, so clever ..."
„Ja, dann haben sie halt Pech gehabt. Ganz einfach!"
Ben ist zu Hause angekommen und meint zu Meik: „Bis später. Wir treffen uns wieder auf der Lichtung. Okay? Die anderen wissen Bescheid. Unser Spiel geht weiter!"

Als Ben zu Hause ankommt, springt ihm Mister X, der kleine Jack-Russell-Terrier, schwanzwedelnd entgegen und will gestreichelt werden. Ben schubst den Hund nur unwirsch zur Seite und schnauzt: „Hau ab, du nervige Töle!" Er geht in sein Zimmer. Mister X trottet traurig ins Wohnzimmer. Er versteht nicht, warum Ben ihn so unfreundlich behandelt. Bens Mutter, die an der Küchentüre steht und mit einer Freundin telefoniert, beobachtet, wie ihr Sohn mit Mister X umgeht – und schüttelt nur den Kopf. Ins Telefon sagt sie: „Du, ich weiß nicht, was in letzter Zeit mit Ben los ist. Er wird so schnell aggressiv, geht bei jeder Kleinigkeit direkt an die

Decke. So wie jetzt gerade. Er kommt von der Schule zurück und Mister X will ihn, wie jeden Tag, begrüßen. Da schubst er den Hund nur weg. Dabei ist das ja eigentlich sein Hund. Die beiden waren immer ein Herz und eine Seele."
Am anderen Ende der Leitung heißt es darauf nur: „Nimm das mal nicht so ernst. Das ist bestimmt die Pubertät."
„Mit elf?"
„Ja, klar, in dem Alter geht es meist schon los. Sie wissen manchmal selbst nicht mehr, was mit ihnen ist. Das legt sich wieder. Spätestens …"
„Na, ich weiß nicht, Ben ist schon sehr auffällig in letzter Zeit. Manchmal glaube ich, dass wir uns zu wenig um ihn kümmern, dass er deshalb so ist."

In seinem Zimmer schleudert Ben erst einmal den Rucksack in die Ecke und lässt sich in seinen Lieblingssessel fallen. Er schaltet die Musikanlage ein, setzt die Kopfhörer auf und lässt sich mit wummernden Bässen berieseln.

12. Neues Spiel

Am späten Nachmittag trifft sich die Clique wieder im Wald. Paul ist auch dabei. Von den Ohrfeigen, die er bekommen hat, ist nichts mehr zu sehen. Er hofft natürlich, nicht schon wieder der Verlierer zu sein. In ihrem Wäldchen sind sie ungestört. Keine Erwachsenen bekommen mit, was sie hier tun. Sie bestimmen, was läuft. Und besonders bestimmt Ben, was passiert. Für heute hat er sich wieder etwas ausgedacht. Gleich, als alle eingetrudelt sind, meint er: „Es gibt ein neues Spiel! Okay?!"

Keiner traut sich, Ben zu widersprechen. Außerdem sind sie gespannt, welches Spiel er sich für heute ausgedacht hat – und natürlich, welche Strafe es geben soll. Besonders Paul hat sich fest vorgenommen, diesmal nicht wieder zu verlieren. Rebecca schaut etwas traurig und auch Diego ist irgendwie skeptisch. Die anderen wissen nicht so recht, ob sie sich auf das neue Spiel freuen sollen – oder ob sie eher Angst haben vor der Strafe für den Verlierer. Sie wissen ja nicht, was auf sie zukommt.

Vor allem Meik kann es anscheinend kaum erwarten, dass Ben loslegt. „Los, Ben, erklär das neue Spiel und die Strafe für den Verlierer."
Ben tritt etwas zurück und lehnt sich an einen dicken Baum. Befehlend ruft er: „Setzt euch."
Alle Kinder setzen sich hin und sind gespannt, was nun kommt.
Ben legt los: „Das heutige Spiel ist total einfach. Wir werden gleich alle einen Liegestütz machen und ihn halten. Wer als Erster zusammenbricht, wird bestraft. Ich rechne mit einem schnellen Spiel und wir haben alle zusammen Spaß an der Bestrafung. Es geht ins Mittelalter. Wir werden eine Art Steinigung vorbereiten." Ben erklärt weiter, wie er sich die Strafe vorstellt. Er zieht ein dickes Seil hervor. „Der Verlierer wird an einen Baum gebunden und zwei

Minuten von uns allen mit Tannenzapfen, kleinen Ästen, Lehmklumpen und so was beworfen. Und ich will mal nicht so sein: Steine sind verboten. Jedenfalls bei diesem Spiel." Ben macht eine kleine Pause und sagt: „Und noch etwas. Wie bei der letzten Strafe mit den Ohrfeigen darf der Loser des Tages bei keinem Treffer jammern, schreien oder irgendwelche Geräusche von sich geben. Falls doch, gibt es zusätzlich von jedem von uns einen Schlag auf den Hintern. Und zwar nicht mit der Hand, sondern …" – und dabei holt er hinter einem Baum einen richtig großen Ast hervor – „… mit diesem Teil hier." Ben ist immer noch nicht am Ende mit seiner Ansprache. Man merkt, wie er Spaß daran hat, den anderen seine bösen Pläne mitzuteilen und ihnen damit Angst einzujagen. Denn schon kommt die nächste Ansage: „Bevor das Spiel losgeht, habt ihr erst einmal fünf Minuten Zeit, Wurfmaterialien zu sammeln."

Sofort laufen alle los und suchen nach geeigneten Wurfgeschossen für die spätere Bestrafung. Alle häufen so einiges vor sich auf. Die Kinder machen alle, ohne Ausnahme, was Ben ihnen gesagt hat.

Auch, wenn sich die meisten nicht wohl bei dem Gedanken fühlen, später mit diesen Wurfgeschossen auf einen ihrer Freunde werfen zu müssen – oder selbst getroffen zu werden.

Wenig später sind alle vorbereitet und Ben eröffnet das Spiel: „Es geht los! Alle auf die Knie. Ich zähle bis drei, dann geht's ab in den Liegestütz. Wie ihr seht, habe ich hier eine leicht erhöhte Position und einen garantiert freien Blick auf euch alle. Selbstverständlich nehme ich selbst an dem Spiel teil. Aber macht euch keine Hoffnungen, ich werde sicher nicht der Loser des Tages sein." Er lacht laut und gemein und ruft: „Los geht's!"

Paul atmet spürbar durch. Liegestütze liegen ihm, die kann er gut. *Die Mädchen werden bestimmt Probleme damit haben,* denkt er, *die können dabei nicht so lange durchhalten wie wir Jungs. Was kann mir also schon passieren?* Er ist sich sicher, heute nicht das Opfer zu sein.

Alle machen Liegestütze, wie Ben es von ihnen verlangt hat. Die Clique ist ziemlich sportlich, jedenfalls die meisten von ihnen. Wie das Spiel ausgeht, ist offen.

Schon länger als eine Minute verharren die Kinder im Liegestütz. Bisher halten alle durch, obwohl bei dem ein oder anderen schon ein kleiner Wackler zu sehen ist. Und dann geschieht es. **Das Unheil nimmt seinen Lauf!** Und es ist wieder Paul, den es trifft. Eine Riesenameise kriecht mit einem erstaunlichen Tempo an Pauls rechtem Arm hoch Richtung Kopf. Sie hat wohl nur ein Ziel: Pauls Nase. Und zwar das rechte Nasenloch. Das Kribbeln am Arm kann Paul so gerade noch ertragen. Er will aber auf keinen Fall, dass das Krabbeltier in sein Nasenloch kriecht. Und so versucht er, mit der linken Hand das Tier zu vertreiben. Der einarmige Liegestütz wird jedoch zur Katastrophe. Paul bricht zusammen.

Im gleichen Augenblick hört Paul schon, wie sich Ben halb schlapp lacht und ruft: „Einmal Loser, immer Loser! Das Spiel ist beendet, und wir müssen uns nicht mal an einen neuen Verlierer gewöhnen." Paul liegt auf dem Bauch. Den Kopf hat er im Moos vergraben. Er schämt und ärgert sich gleichzeitig. Wieder ist er der Verlierer. Diese blöde Ameise hat ihn zum Verlierer gemacht. Die anderen Kinder stehen der Reihe nach auf. Sie sind froh, dass sie durchgehalten haben und ein anderer das Spiel verloren hat. Doch dass es wieder Paul ist …!

Ben gibt bereits seine Befehle: „Alle an eure Wurfgeschosse!"

Paul geht langsam Richtung Baum. Tausend Gedanken zucken durch seinen Kopf. Er spricht sich selbst Mut zu. *So schlimm wird es schon nicht werden. Ein paar Tannenzapfen, die Lehmklumpen und die dünnen Äste werde ich schon überleben.*

Ben bindet Paul mit dem Seil, das er mitgebracht hat, an dem Baum fest. Der Verlierer des Tages steht regungslos am Stamm, festgehalten von einem dicken Seil. Er schließt seine Augen. Anders als bei den Ohrfeigen wehrt er sich heute nicht gegen die Bestrafung. Nicht, weil er die Strafe weniger schlimm findet. Er hat einfach keine Kraft dazu, sich wieder dagegen aufzulehnen. Es nützt ja sowieso nichts. Als Verlierer muss er bestraft werden. So ist das Spiel!

Ben erklärt nochmals, den dicken Ast in der Hand: „Jedes Jammern, der kleinste Mucks führt zu einem Schlag auf den Hintern. Und nun: Feuer frei!"

Rebecca und Diego nicken sich kurz zu, was so viel bedeutet wie: Wir werfen einfach daneben.

Als würde Ben es ahnen, legt er noch einmal nach: „Aber zielt genau! Wer mit Absicht daneben wirft, wird ebenfalls an den Baum gebunden."

Die Wurfgeschosse prasseln nur so auf Paul nieder. Es ist nicht so schlimm, die meisten Wurfgeschosse treffen ihn nicht so hart. Doch zwei Minuten können echt lang sein. Paul beißt die Zähne zusammen. Er will die Zeit nur irgendwie hinter sich bringen. Fast alle Geschosse sind abgefeuert. Da trifft ihn ein Tannenzapfen genau unter dem rechten Auge. Paul zuckt zusammen, gibt aber keinen Laut von sich. Obwohl es höllisch wehtut. *Das gibt bestimmt ein blaues Auge,* ist er sich sicher.
Sogar Ben ist leicht beeindruckt, wie Paul den Treffer wegsteckt: „Tapfer, unser Opfer des Tages! Gratulation, wenigstens kann er sich den Knüppel ersparen. Die zwei Minuten sind um. Die Bestrafung ist zu Ende."
Paul wird losgebunden. Die Schwellung unter dem Auge ist schon gut zu sehen. *Nun muss ich mir für zu Hause schon wieder eine glaubhafte Erklärung*

einfallen lassen. Aber er ist sich sicher, dieses Mal nicht so leicht davonzukommen wie beim letzten Mal. Ohne mit jemandem aus der Clique zu reden, macht sich Paul direkt auf den Heimweg.
Anders als beim letzten Mal löst sich auch die Clique schnell auf. Alle wollen nur noch nach Hause.

Gott sei Dank ist so ein blaues Auge ziemlich leicht mit einem Volltreffer beim Fußball zu erklären. Schließlich spielt Paul tatsächlich oft im Tor. Nicht im Verein, aber auf dem Bolzplatz. Seine Mutter schaut ihren Sohn beim Abendessen nur leicht irritiert an. „Du ziehst im Moment das Unglück wohl einfach an", kommentiert sie das blaue Auge. Sein Vater ergänzt sogar ein wenig stolz: „Ein guter Torwart kriegt schon mal ein Veilchen."
Nur seine Schwester setzt noch eine Spitze drauf: „Ein neuer Manuel wird unser Paul nie – mit oder ohne blaue Flecken im Gesicht."
Paul schaufelt seine Spaghetti in Rekordgeschwindigkeit in sich hinein. Er will einfach nur noch in sein Zimmer. An diesem Abend schläft er schnell ein, um wenig später schweißgebadet wach

zu werden. Er hatte einen Albtraum der übelsten Sorte. Wieder war er an einen Baum gebunden. Nur dieses Mal wurde er mit Pfeilen beschossen. Innerhalb kürzester Zeit blutete er aus vielen Wunden. Diese Bilder haben ihn aus seinem Schlaf gerissen. Hektisch setzt er sich auf und nimmt einen kräftigen Schluck aus der Wasserflasche, die immer neben seinem Bett steht.

Paul überlegt, wie er dem Spuk ein Ende bereiten kann, **diesem Spiel, das total aus dem Ruder läuft.** Eine Lösung fällt ihm allerdings nicht ein. Er will ja nicht als Weichei oder als Spielverderber dastehen. *Aber eigentlich muss dieses blöde Spiel aufhören,* denkt er. Dabei fragt er sich: *Wer braucht schon so einen Freund wie Ben?*

13 Stress mit der Mutter

Ben kommt nach dem letzten Spiel und der Strafe mit den Wurfgeschossen ziemlich schlecht gelaunt nach Hause. Das Spiel und vor allem die Bestrafung sind nicht so gelaufen, wie er sich das vorgestellt hatte. Es war ihm alles zu weich, zu sehr wie ein Kinderspiel. Und dass die anderen nach dem Spiel so schnell verschwunden sind, stört ihn auch.

Wieder sind weder Vater noch Mutter zu Hause. Ben setzt sich mit einem Brot vor den Fernseher und wartet auf seine Eltern. Er fühlt sich nach dem Tag mit der Clique allein und verloren. Rasch hat er sich aus dem großen Angebot von Netflix einen Horrorfilm ausgesucht: ‚Nachts auf dem Friedhof.'

Obwohl der Titel gar nicht so furchtbar klingt, fließt reichlich Blut. Bald ist er so müde, dass er vor dem Fernseher einschläft.

Plötzlich wird er wach. Seine Mutter, die sehr spät nach Hause gekommen ist, spricht ihn laut an: „Wie oft habe ich dir schon gesagt, du sollst vor dem Fernseher nicht essen. Überall Krümel … Und hier auf dem Sofa ist sogar ein Fettfleck. Außerdem, weißt du eigentlich, wie spät es ist? Du solltest schon längst im Bett liegen!"

Ben erwidert völlig verschlafen: „Aber ich habe doch nur auf euch gewartet. Wo ist denn Papa? Wir wollten nämlich über … Also, er wollte mal mit mir ins Stadion, zum Fußball …"

Bens Mutter faucht weiter: „Schlag dir das aus dem Kopf. Dein Vater muss jetzt auch samstags ins Büro. Und der doofe Fußball kann bestimmt ohne euch stattfinden!" Bevor Ben etwas sagen kann, meckert seine Mutter weiter: „Und überhaupt, du bist in letzter Zeit sowieso so furchtbar drauf. Bekommst du nicht alles, was du haben willst? Geht es dir nicht gut? Du solltest uns mal lieber dankbar sein für das, was wir dir alles bieten. Du …"

Ben wird langsam wach und antwortet genervt: „Lass mich in Ruhe mit deinem Gemeckere. Das ist nur Bullshit, den du da von dir gibst."
„Sag mal, Freundchen, wie redest du denn mit mir?"
„Ach, lass mich einfach in Ruhe! Dir ist ja sowieso egal, was ich tue."
Die Mutter schaltet den Fernseher aus: „Jetzt reicht's aber! Ab nach oben. Über diesen Auftritt reden wir noch. Dein Vater soll erfahren, wie sich sein Sohn aufführt!" Vergessen sind ihre Gedanken, dass sie und ihr Mann sich vielleicht zu wenig um Ben kümmern und er deshalb oft so aggressiv reagiert.

Ben ist sauer und enttäuscht und wütend und alles zusammen. Langsam schleicht er nach oben in sein Zimmer. Wenig später hört er, wie endlich sein Vater nach Hause kommt. Es dauert nicht lange und seine Eltern streiten sich schon wieder. *Immer der gleiche Kram, weswegen sie sich gegenseitig Vorwürfe machen,* denkt er, *einfach ätzend!* Er zieht sich die Bettdecke über den Kopf. Im Hintergrund nimmt er ganz leise wahr, dass sich seine Eltern im Wohnzimmer immer noch anbrüllen.

Immer nur Streit, aber bei uns in der Clique ist das anders. Wir machen alles zusammen. Da habe ich das Sagen. Dabei kommt ihm sofort ein weiterer Gedanke: **Die Strafen müssen härter werden.**
Das war ja ein Kinderspiel heute für Paul. Ich muss mir was richtig Krasses einfallen lassen. Wovon wir alle noch lange sprechen werden! So was wie bei SQUID GAME, *da geht es ganz anders zur Sache.* Endlich schläft Ben ein.

14 Mädchenabend

Heute darf Rebecca bei Emma zu Hause schlafen. Beide freuen sich schon riesig darauf. Am nächsten Tag ist schulfrei, die Lehrer haben eine Fortbildung.
„Hallo, Rebecca, schön, dass du da bist!", wird sie von Emmas Mutter begrüßt. „Hast du schon Hunger? Gleich gibt's Abendessen."
Rebecca war schon oft bei Emma zu Hause und kennt die Familie gut. Sie fühlt sich wohl hier, wird immer freundlich aufgenommen.
„Wir wollten aber vorher etwas spielen", ist Emma ein bisschen enttäuscht. „Hat das mit dem Essen nicht noch etwas Zeit?"
„Ja gut, ich warte, aber nicht länger als eine halbe Stunde", meint Emmas Mutter.

Und schon sind die beiden Mädchen in Emmas Zimmer verschwunden. Direkt setzen sie sich auf die gemütliche, bunte Couch, auf der unzählige Puppen und Kuscheltiere liegen.
„Wollen wir nebenbei Musik hören?", fragt Emma ihre Freundin. Sie weiß ja, dass Rebecca Ed Sheeran auch gut findet und fragt deshalb: „Ed Sheeran?" Und schon klingt *Bad Habits* aus den kleinen Lautsprechern. „Ich würde so gerne mal zu einem Konzert von ihm gehen", schwärmt Emma.

Seit einiger Zeit spielen die beiden Mädchen wieder total gerne mit ihren Puppen, so wie früher. Dabei machen sie aber richtige Rollenspiele. Sie denken sich eine Geschichte aus und spielen sie dann so, als wäre es wie im echten Leben. Emma und Rebecca lassen sich ganz tief in diese Geschichten hineinfallen. Und es sind nicht immer lustige und harmonische Geschichten. Manchmal spielen sie Streitereien und Konflikte. Aber es geht immer gut aus. Das ist so was wie ein festes Gesetz bei diesen Spielen. Heute schaffen sie es nicht, sich in eine Geschichte hineinfallen zu lassen.

„Du, sag mal", steigt Emma aus ihrem Rollenspiel aus, „wie gefiel dir denn unser letztes Spiel im Wald – und die Strafe für Paul?"

„Wie meinst du das?", fragt Rebecca nach.

„Fandest du das gut, dass Paul von uns mit all den Sachen beworfen wurde? Und dass er am Auge getroffen worden ist und wie schnell das blau wurde? Das war echt krass – oder?"

„Ja, das war krass!", stimmt ihr Rebecca zu.

„Und … findest du das okay?"

„Ich fand das total doof!", meint Rebecca.

„Die Strafen bei unserem Spiel werden immer härter, findest du nicht?", fragt Emma ihre Freundin weiter.

Rebecca antwortet: „Das stimmt. Aber keiner sagt was. Alle machen mit! Auch wir!"

„Weil Ben das alles so bestimmt. **Vielleicht sind wir nur zu feige**", stellt Emma weiter fest. „Meinst du, alle fanden das toll, dass wir Paul Ohrfeigen gegeben und mit Gegenständen auf ihn geworfen haben? Bestimmt nicht. Es wehrt sich aber keiner. **Wir machen einfach alles mit – nur weil Ben das will.**"

„Aber wenn wir was sagen, wirft der uns vielleicht aus der Clique", gibt Rebecca zu bedenken.
„Möchtest du das denn?"
„Wir sind bestimmt nicht die Einzigen, die die harten Strafen doof finden", ist sich Emma sicher. „Wir können ja die anderen mal fragen."
„Abendessen ist fertig", ruft Emmas Mutter an der Treppe. Langsam gehen die Mädchen nach unten, wo schon Emmas Eltern und ihre Geschwister am Tisch sitzen und nur auf sie warten. Nachdenklich setzen sich die beiden dazu.
„Lasst es euch schmecken", fordert die Mutter alle auf.

15 Geschwisterstreit

„Mensch, Ben, weißt du, wie du mich nervst mit deiner ewigen SQUID GAME-Guckerei?", macht ihn seine Schwester an, die sich über den Lärm, der aus Bens Zimmer kommt, beschwert. Sie steht wütend in der Tür und faucht ihn an.

„Tür zu!", brüllt Ben sofort in ihre Richtung.

„Schnauz nicht gleich so rum!", versucht Lisa einzulenken.

„Lass mich bloß in Ruhe. Ich seh mir an, was ich will und so laut ich will. Das geht dich einen Scheißdreck an. Ist das klar?"

„Aber du störst mich. Mach den Fernseher ein bisschen leiser. Ich kann gar nicht …"

Weiter kommt Lisa nicht, da schneidet Ben ihr

schon das Wort ab: „Deinen langweiligen Beauty-Scheiß im Internet will eh keiner sehen. Meinst du, davon wirst du schöner?"

„Halt ja die Klappe, sonst muss ich Mama und Papa mal erzählen, was du dir für ein Zeug reinziehst. Ich hab neulich zufällig mal eine Folge von dieser Serie gesehen. Ist ja grauenhaft, was da so abgeht. Auf jeden Fall ist das nichts für kleine Jungs. Ich glaube, dass du dadurch immer aggressiver wirst. Aber das merkst du gar nicht – oder?"

„Sag mal, geht's noch? Machst du jetzt auf Ersatzmutti? Du hast mir gar nichts zu sagen! Und wenn du nicht die Klappe hältst, sag ich Mama und Papa, dass du heimlich rauchst und dich mit diesem Typen aus der 11 triffst, diesem Idioten, der ja nur Kiffen im Kopf hat."

„Wenn du das machst, kannst du was erleben, echt!" Wütend wirft Lisa die Tür ins Schloss und verschwindet.

„Du kannst mich mal!", ruft Ben seiner Schwester wütend hinterher. *Verdammt,* denkt er, *die sollen mich alle nur in Ruhe lassen.*

Wenig später begegnen sich die Geschwister in der

Küche. Beide wollen sich etwas zu essen machen. Sie müssen heute wieder für sich alleine sorgen. Ihre Eltern sind bei Freunden eingeladen und werden erst spät am Abend zurückkommen.

„Na, kleiner Bruder, hast du dich wieder ein bisschen beruhigt?", versucht Lisa ihn einigermaßen freundlich anzusprechen.

„Jetzt kommst du wieder auf die Softi-Tour, was! Kannst du bei mir nicht mit landen. Auch wenn du ein paar Jahre älter bist als ich, lass ich mir von dir nichts sagen. Kapier das endlich!"

„Du hast doch einen Knall. Mach, was du willst. Ich bin jetzt weg. Denk dran, Mister X zu füttern!"

„Hau ja ab. Ich bin froh, wenn du abzischst. Dann hab ich meine Ruhe. Und die Töle ist mir scheißegal, verstehst du. Du kannst ihm ja was zu fressen geben!"

Schnell holt Lisa eine Büchse mit Hundefutter aus dem Schrank und kippt den Inhalt in den Napf von Mister X. Der kommt direkt angelaufen und freut sich, dass er endlich was bekommt.

„Die Töle soll mal nicht so viel fressen. Die wird sowieso zu dick", meckert Ben und verschwindet ziemlich aufgeladen in seinem Zimmer.

16 Die totale Katastrophe

Diesmal will Ben den ganz großen Coup landen. Am Computer hat er Einladungen für die Clique geschrieben und sie bei seinem Vater am Drucker ausgedruckt:

> Freunde!
>
> Schluss mit den Kinderspielen! Heute treffen wir uns um 16 Uhr im alten Freibad am Grünweg. Und eines noch: Wer Angst mitbringt, hat schon verloren!
>
> Ben – euer Spielleiter

Bevor der Unterricht beginnt, macht Ben mit seinem Fahrrad einen kurzen Abstecher zur Grundschule, wo er die Einladungen an seine Clique verteilt. Als erstes trifft er Paul: „Heute geht es um alles oder nichts. Nicht, dass du wieder der Loser bist! Dreimal hintereinander – das wäre aber auch zu peinlich!"
Paul liest den Zettel und erstarrt.
Ben fügt schnell hinzu: „Und kneif ja nicht, dann bist du für alle Zeit der Loser und findest garantiert nie wieder Freunde."
Paul nickt nur.
Schnell verteilt Ben die Einladungen an die anderen Kinder aus der Clique. An seiner Schule angekommen, gibt er Meik eine Einladung, kurz bevor der Unterricht beginnt.

Treffpunkt ist das alte Freibad, das schon seit Jahren geschlossen ist. Als Paul sich am Nachmittag auf den Weg machen will, meint seine Mutter zu ihm: „Komm mir bloß nicht wieder mit einem blauen Auge nach Hause. Pass gut auf!"

Paul radelt los. Schon bald sieht er in der Ferne das alte Freibad. Als er näher kommt erkennt er, wie heruntergekommen alles aussieht. Das Gelände, auf dem sich früher einmal die große Liegewiese befand, ist über und über mit Gestrüpp bewachsen. Der hohe Maschendrahtzaun, der das Freibadgelände umgibt, ist an einigen Stellen heruntergerissen. So kann man es problemlos betreten. Nur die meterhohen Brennnesseln versperren teilweise den Weg. Von den alten Umkleidekabinen, die sich in einem Steinhaus befanden, sind die meisten Fensterscheiben eingeworfen. Alles sieht total heruntergekommen aus. *Irgendwie unheimlich,* denkt Paul. Trotzdem wirkt das Bad imposant. Schon von Weitem kann Paul bereits die Stimmen seiner Freunde hören. Ben führt mal wieder das große Wort. Ganz kurz überlegt Paul, einfach umzudrehen und wieder nach Hause zu fahren. Doch schnell verwirft er diesen Gedanken. Aber er hat Angst, das spürt er ganz genau. Was, wenn er heute schon wieder verliert? Weil er wieder so ein Pech hat wie mit der blöden Ameise, weswegen er den Liegestütz nicht mehr halten konnte? Oder weil er einfach zu aufgeregt ist und deshalb das neue Spiel wieder verliert? **Er spürt Angst, erneut zu versagen** – und merkt, dass er feuchte Augen bekommt. *Verdammt, ich bin doch kein Baby mehr, ich schaffe das schon,* macht er sich selbst Mut. Kurz bleibt er stehen, stellt sein Fahrrad gegen einen Zaunpfahl und wischt sich die Feuchtigkeit aus den Augenwinkeln. Entschlossen betritt er durch eine Zaunlücke das Gelände.

Ben hat sich diesmal mit einigen Utensilien ausgerüstet, die er in einem Rucksack dabei hat. Er hat sogar einen Gong mit. Darauf schlägt er jetzt. Das Geräusch geht den Kindern durch Mark und Bein. Wie in einem Film verkündet er lautstark: **„Mögen die Spiele beginnen!"** Man könnte das Gefühl haben, das alte Bad schaut staunend zu. Alles wirkt unheimlich.

Ben hat alle um den alten Sprungturm versammelt. Dann klettert er nach oben. Die Stufen sind verrostet und machen nicht den sichersten Eindruck. Nach kurzer Zeit taucht Ben auf dem Sprungbrett auf. Von dort ruft er: „Leute! Die heutige Prüfung wird alles, was wir bisher gemacht haben, übertreffen!" Dabei schlägt er abermals auf den Gong. „Der Wettbewerb ist einfach. Ich nenne ihn ‚Flamingo Style'. Ihr kennt ja die komischen Vögel, die stundenlang auf einem Bein stehen. Wir stellen uns gleich ebenfalls alle auf ein Bein. Wer als Erster das zweite Bein auf den Boden setzt, ist der Loser des Tages. Auf ihn wartet eine ganz besondere Bestrafung! Wer verliert, muss von hier oben runterspringen. Da ich aber kein Unmensch bin, gibt es einen Fahrradhelm als Kopfschutz." Er zieht einen Helm aus seinem Rucksack und hält ihn hoch. Seine Stimme überschlägt sich: „Damit der Verlierer oder die Verliererin keine Angst vor der Tiefe haben muss, werde ich ihm – oder ihr – mit diesem schwarzen Schal die Augen verbinden!" Aus seinem Rucksack zieht er den Schal hervor. **„Wer nicht springt, wird sofort aus der Clique ausgeschlossen.** Es wird etwas wehtun, weil dummerweise kein Wasser mehr in diesem Becken ist. Wie ihr sehen könnt, haben sich da unten aber jede Menge Blätter angesammelt. Dadurch wird der Aufprall sicher weicher ausfallen. Wer springt, wird auf jeden Fall aufrecht als Held

nach Hause gehen. Und niemand wird trotz der Niederlage im Spiel ‚Loser' sagen. Seid ihr bereit?"
Die Gruppe antwortet im Chor mit „Ja!" – aber es klingt nicht so richtig überzeugt.
Was war das für eine Ansage, denkt Paul, und Meik ist total fasziniert, wie Ben sich als absoluter Chef gibt. Ein Chef, der keinen Widerstand zulässt, der absoluten Gehorsam fordert.
Ben erklärt noch einmal kurz die Regeln. Er will bis drei zählen und wird sich, genau wie alle anderen, auf ein Bein stellen.
Die Clique stellt sich auf. Dann schallt es von oben herab: „Eins – zwei – drei!"
Sofort stehen alle auf einem Bein. Es sieht aus wie im Zoo und alle lachen über das Bild, das sie da abgeben. Aber schon nach etwa einer Minute verstummen sie, denn die Übung ist ziemlich anstrengend.
Paul steht relativ locker auf einem Bein. Auch die Zwillinge und Meik haben keine erkennbaren Probleme. Ben auf dem Sprungturm wirkt wild entschlossen und hat fast Ähnlichkeit mit einem Denkmal.

Rund zwei Minuten sind vergangen. Paul merkt, wie in seiner Wade ein Krampf aufzieht. Er kennt das vom Sportunterricht, da hat er das auch schon mal. Er beißt die Zähne zusammen, aber der Krampf lässt sich nicht abschütteln. Die Wade wird härter und härter und es tut höllisch weh. Die Kinder, die neben ihm stehen, bemerken seine Probleme und beobachten ihn – genau wie Ben. Das geht nicht mehr lange gut!

Paul schreit laut auf. Er kann nicht mehr und muss das zweite Bein auf den Boden stellen, um den Krampf loszuwerden. **Das Spiel ist für ihn vorbei.** Er hat schon wieder verloren!

Ben brüllt von oben herunter: „Das gibt es doch gar nicht! Paul, du hast mich nicht enttäuscht und sang- und klanglos verloren. Komm sofort hier rauf. Mit einem kleinen Hüpfer kannst du deine Ehre wieder herstellen!"
Als der Krampf in seiner Wade nachlässt, schleppt sich Paul wie ein Häufchen Elend die Treppe hoch. Die Clique kann es nicht fassen. Natürlich ist jeder

froh, nicht der Verlierer zu sein, aber dass es wieder Paul getroffen hat! Und dass er jetzt in das leere Becken springen muss!
Warum sagt denn keiner was?, denkt Rebecca. Aber auch sie hat nicht den Mut, sich gegen Ben zu stellen. **Niemand hat den Mut!** Sie alle haben Angst, aus der Clique geworfen zu werden.

Auf der Plattform angekommen, merkt Paul sofort, wie hoch es tatsächlich ist. Und das Becken ist ja noch einmal tiefer. Von unten sieht alles relativ harmlos aus. Aber nun schlottern ihm deutlich die Knie.
Ben hat seine Freude. Aber einige aus der Clique schauen voller Sorgen nach oben.
Endlich meldet sich jemand, dem das hier nicht gefällt, der das Gefühl hat, dass alles aus dem Ruder läuft. Es ist Jeremy, der ruft: „Ben! Komm, hör auf mit dem Quatsch! **Das ist kein Spiel mehr!** Schick Paul wieder runter!"
Aber Ben denkt nicht daran. Er antwortet: „Du kannst gerne nach oben kommen und mit Paul springen. Regeln sind dafür gemacht, damit man

sie einhält!" In Windeseile setzt er Paul den Fahrradhelm auf. Lachend meint er: „Damit kann dir nichts passieren!" Er führt Paul an den Rand des Sprungbretts. Mit dem schwarzen Schal verbindet er ihm die Augen und knotet ihn hinter seinem Kopf fest. Feierlich erklärt er: „Paul, gleich schlage ich auf den Gong und du springst einfach. Keiner wird dich danach als Loser bezeichnen – ganz im Gegenteil!"

Die Kinder schauen gebannt nach oben und treten einige Schritte zurück. Sie sind wie erstarrt, wagen kaum zu atmen. Sie haben Angst um Paul und davor, was ihm passieren könnte. Aber sie sind auch fasziniert davon, dass hier jeden Moment etwas Aufregendes geschehen wird.

„Ich kann gar nicht hinsehen", flüstert Rebecca. Emma, die dicht neben ihr steht, greift nach ihrer Hand.

Diego hält, ohne es zu merken, die Luft an.

Paul zittert am ganzen Körper. Keiner sieht, dass er Tränen in den Augen hat und große Angst verspürt. Alles um ihn herum ist dunkel. Ben schlägt den Gong … und Paul springt ins Nichts.

Es dauert nur eine Sekunde, dann spürt er einen höllischen Schmerz im rechten Bein. Im nächsten Augenblick liegt er inmitten der Blätter bewusstlos auf dem Boden des Schwimmbeckens.

Ben sieht vom Sprungbrett runter auf Paul und lacht laut: „Steh auf, du Weichei!"
Die anderen Kinder haben schnell kapiert, dass mit Paul etwas nicht in Ordnung ist, dass er sich wehgetan, sich womöglich schwer verletzt hat, vielleicht sogar ... – das will keines der Kinder denken. Rebecca ist die Erste, die in das Becken hinunterklettert und sich neben Paul kniet. Paul atmet. Das bemerkt sie sofort. *Gott sei Dank, er lebt,* geht es ihr durch den Kopf. Die anderen sind ihr hinterhergeklettert und stehen im Kreis um den Verletzten. Nur Ben steht wie erstarrt auf dem Sprungbrett.
„Paul, sag doch was, wo tut's weh?", fragt Rebecca aufgeregt.
Doch Paul kann sie nicht hören, reagiert nicht. Er ist bewusstlos, bekommt nicht mit, was um ihn herum passiert. Da entdeckt Rebecca eine Platz-

wunde an seinem Kopf. Erstaunlicherweise blutet sie nicht sehr heftig. Sein rechtes Bein wirkt unnatürlich abgewinkelt. Die Augenbinde ist verrutscht. Pauls Augen sind geschlossen. „Er ist ohnmächtig", stellt Rebecca fest, als wenn das nicht schon alle wüssten. **„Wir müssen sofort Hilfe holen!** Wir brauchen einen Krankenwagen. Paul braucht einen Arzt. Sofort! Hat jemand ein Handy dabei?"

Ben steht inzwischen auch unten im Becken und zieht sein Handy aus seiner Hosentasche. Er wirkt plötzlich total kleinlaut, wählt die 1-1-2. Sofort meldet sich jemand. Mit erstaunlich ruhiger Stimme erklärt Ben: „Hier, am Grünweg, im alten Freibad, ist ein Unfall passiert. Einer unserer Freunde liegt bewusstlos am Boden. Mit seinem rechten Bein scheint etwas nicht in Ordnung zu sein. Schicken Sie uns bitte sofort Hilfe!"
Der Mann am anderen Ende der Leitung fragt nach: „Im alten Freibad liegt der Verletzte?"
Ben antwortet patzig: „Sagte ich doch, beeilen Sie sich!"

Es dauert keine fünf Minuten, als Sirenengeheul zu hören ist und Krankenwagen, Notarzt und auch ein Polizeiwagen mit hohem Tempo über die alten, holprigen Wege auf das stillgelegte Bad zufahren. Vor dem Tor müssen sie anhalten, bis einer der Polizisten mit einem Bolzenschneider die Kette durchtrennt hat. Erst dann können sie weiter.
Ben ahnt, dass fette Probleme auf ihn zurollen.

Kurz bevor die Fahrzeuge den Unfallort erreichen, schlägt Paul die Augen auf. Rebecca, Meik und die anderen sind erleichtert.
Paul starrt seine Freunde verwirrt an. Mühsam stottert er: „Wo bin ich? Was ist passiert?" Er stöhnt vor Schmerzen auf.
Ben ruft laut: „Du wolltest mit mir das alte Sprungbrett kontrollieren, ob es sicher ist. Dann bist du gestolpert und runtergefallen. Ich hab sofort einen Krankenwagen gerufen. Bleib ruhig, die sind gleich hier!" Ben hat Paul schnell den schwarzen Schal weggenommen, den er ihm um die Augen gebunden hatte. Diesmal erntet er aber Widerspruch aus der Clique.

Ausgerechnet Meik ist der Erste, der laut und deutlich faucht: „Ben, halt einfach die Klappe. Ich habe die Nase so voll von deinem Gequatsche, von deinen bescheuerten Spielen und den scheiß Strafen! **Wir sollten sofort mit diesem Unsinn aufhören!**"

Ben erwidert nur ein knappes „Verräter!". Weiter kommt er nicht. Die Kinder machen Platz für die Männer aus dem Krankenwagen. Der Notarzt beugt sich zu Paul hinunter: „Junge, nicht bewegen – alles wird gut." Die Sanitäter helfen dem Arzt bei der Versorgung von Paul. Der bekommt eine Spritze gegen die Schmerzen und einen Tropf gelegt. Anschließend schient man sein rechtes Bein, und er wird auf eine Trage gehoben. Mit etwas Mühe hebt man sie aus dem Schwimmbecken heraus. Schon nach etwa zehn Minuten befindet sich Paul auf dem Weg ins Krankenhaus.

Zwei Polizeibeamte, die bisher das Geschehen nur beobachtet hatten, beginnen nun mit ihren Ermittlungen zur Unfallursache. Außerdem hat Rebecca die Eltern von Paul mit Bens Handy über die Einlieferung in das Krankenhaus informiert.

Einer der beiden Polizisten fotografiert die Unfallstelle. Der andere macht sich Notizen und beginnt, den Kindern Fragen zu stellen. Dazu hat sich die Clique im Kreis um den Beamten aufgestellt. Nur einer steht etwas abseits: Der sonst so laute Ben ist ganz still geworden. Er ahnt wohl, was auf ihn zukommt. Am liebsten wäre er einfach abgehauen, aber das traut er sich nicht.

„Wie ist das denn genau passiert? Niemand springt freiwillig von einem Sprungbrett in ein Schwimmbecken ohne Wasser", fragt der Polizist in die Runde.

Keiner traut sich, eine Antwort zu geben.

„Na, kommt schon, raus mit der Sprache! Ihr braucht keine Angst zu haben", fordert der Polizist die Kinder erneut auf.

Da meldet sich ausgerechnet Meik. Er sagt: „Also, der Sprung war schon freiwillig!"

Der Polizist schaut ihn erstaunt an und fragt: „Was heißt das denn nun genau? Komm, lass dir nicht alles aus der Nase ziehen."

Plötzlich sprechen alle durcheinander. „Irre Idee von Ben!" kann man hören oder „Wie bescheuert war das denn!", aber auch „Diese blöde Serie ist an allem schuld!".

Der Polizist kratzt sich am Kopf und ruft energisch: „Ruhe! Man versteht ja sein eigenes Wort nicht mehr. Nun mal der Reihe nach."

Wieder quatschen alle durcheinander.

Der Polizist wird langsam sauer: „Wenn ihr jetzt nicht sofort aufhört, durcheinander zu reden, nehme ich euch zur Befragung alle mit aufs Polizeirevier. Anschließend können eure Eltern euch dort abholen!"

Das wirkt. Von jetzt auf gleich halten alle ihren Mund.

„Also, was ist passiert?", fragt der Polizist.

Ben erklärt: „Also, Paul wollte da oben auf dem Sprungbrett eine witzige Rede halten. Dann ist er gestolpert …"

Weiter kommt Ben mit seiner Lügenversion nicht. Rebecca ist die Erste, die ihn unterbricht: „Erzähl keinen Scheiß, Ben! Das Spiel ist vorbei. **Jetzt zählt nur die Wahrheit.**"

Der Polizeibeamte fragt nach: „Welches Spiel? Wovon sprecht ihr?"

Voller Unverständnis erwidert Ben: „Na, so wie in SQUID GAME natürlich. Kennen Sie das nicht?"

Die anderen aus der Clique stöhnen auf. Warum auch immer, Ben scheint wieder etwas Oberwasser zu haben. Aber nur für einige Sekunden, denn der Konter des Polizisten sitzt: „Pass mal auf, mein Freund. Du scheinst mir etwas zu vorlaut zu sein. Wir werden genau überprüfen, was ihr euch da angesehen habt und wie das mit der Aufsichtspflicht eurer Eltern aussieht."

Ben beißt sich auf die Lippen – und schweigt.

Der Polizeibeamte hakt nach: „Wer kann mir nun erzählen, was hier passiert ist?"

Rebecca beginnt und erzählt nicht nur, was gerade im Freibad passiert ist. Sie erzählt der Reihe nach und berichtet davon, wie alles angefangen hat, von den ersten Spielen, den ersten Bestrafungen: „Wir haben Spiele auf einer Lichtung im Wald gespielt. Dabei wollten wir SQUID GAME nachspielen, wissen Sie?"

„Was?", reagiert der Polizist. „So was guckt ihr euch an und spielt es auch noch nach?"

„Wir haben nur ganz einfache Spiele gespielt. Zum Beispiel Seilchenspringen oder Liegestütze machen und so etwas. Und wer das Spiel verloren hatte, wurde bestraft."

„Wie … bestraft?", fragt der Polizist nach.

„Einmal bekam der Verlierer von uns allen Ohrfeigen. Nach einem anderen Spiel wurde der Verlierer mit Tannenzapfen und Lehmklumpen und so was beworfen."

„Und heute habt ihr wieder so ein Spiel gespielt? Richtig?", vergewissert sich der Polizist.

„Ja, heute haben wir ‚Flamingo Style' gespielt", erklärt Rebecca.

„‚Flamingo Style'? Was ist das denn?"

„Ben hat das Spiel so genannt. Dabei muss man auf einem Bein stehen und darf nicht umkippen. Wer als Erster umkippt oder mit dem anderen Fuß den Boden berührt, hat verloren."

„Und wird bestraft!", stellt der Polizist fest.

„Ja, der Verlierer wurde bestraft", bestätigt Rebecca.

„Und welche Strafe gab es heute?", will der Polizist wissen. Dabei kann er sich die Strafe schon fast denken.

„Beim Spiel heute hat Ben bestimmt, dass der Verlierer vom Sprungbrett in das blöde Becken springen muss. Dabei ist es passiert." Dann sagt Rebecca noch: „Paul hat die letzten Spiele immer verloren."

Dem Polizisten fehlen für ein paar Sekunden die Worte. Er schaut Ben eindringlich an. „Ben, was hast du dazu zu sagen?"

Der zuckt zunächst einmal hilflos mit den Schultern. Betreten schaut er auf den Boden. Er murmelt: „Aber alle haben doch mitgemacht!"

Ein leises Murren der Clique ist zu hören und Meik erwidert: „Wir hatten ja keine echte Chance, gegen deine komischen Spiele zu sein."

Daraufhin meint der Polizist: „Das ist ja wohl das Bescheuerteste, das ich je gehört habe. Und nun zu dir, Ben, du fährst mit mir zur Polizeiwache. Dort werden wir ein genaues Protokoll über all diese Dinge aufnehmen. Wir werden natürlich deine Eltern informieren, dass sie dich von der Wache abholen."

Betreten schleicht Ben dem Polizisten hinterher und steigt in das Polizeiauto.

Der zweite Polizist spricht die Clique an: „Und ihr schreibt jetzt alle eure Namen, Adressen und auch die Telefonnummern eurer Eltern auf. Wir werden eure Eltern darüber informieren, was ihr so treibt. Das alles wird noch ein Nachspiel haben!"

Die Clique, die zurückbleibt, spricht ganz aufgeregt über das, was in letzter Zeit passiert ist.
Meik meint: „Wie konnten wir alle nur so blöd sein und Ben so blind nachlaufen?"
Rebecca ergänzt: „Diese Serie hat Ben total verblendet. Und wir haben uns auch noch anstecken lassen und mitgemacht. Wir waren alle feige. Wir hätten den Mut haben müssen und diesen Unsinn nicht mitmachen dürfen."
Die anderen stimmen ihr zu. Gemeinsam machen sie sich auf den Weg zur Polizeiwache. Sie alle haben ein mulmiges Gefühl, was auf sie zukommt und wie ihre Eltern reagieren werden.

17 Unerwartete Strafe

Die Eltern von Ben haben in der Zwischenzeit einen Telefonanruf von der Polizeiwache erhalten. Sein Vater macht sich sofort auf den Weg, um seinen Sohn abzuholen. Der Polizeibeamte schildert Bens Vater alles, was er bisher von den Ereignissen weiß und vor allem, wie sein Sohn daran beteiligt war. Der Vater schüttelt nur ungläubig den Kopf. Er fragt seinen Sohn: „Wie kann man nur auf so bescheuerte Ideen kommen? Ab nach Hause. Wir unterhalten uns noch!"

Der Polizist schaltet sich ein: „Von uns werden Sie in der Angelegenheit auch noch etwas hören."

Zu Hause angekommen wartet Bens Mutter schon völlig aufgelöst im Wohnzimmer auf ihren Mann

und ihren Sohn. Kleinlaut berichtet Ben von den Aktionen der letzten Wochen, fügt aber laut und deutlich hinzu: „Wenn Papa mit mir tatsächlich zu einem Fußballspiel ins Stadion gegangen wäre, dann wäre der ganze Quatsch vielleicht nicht passiert."
„Na ja", meint die Mutter, „das allein kann's ja wohl nicht sein. Nur, weil ihr nicht zum Fußballspiel gegangen seid, machst du solche Sachen?" Dennoch nimmt sie ihren Sohn erstmals nach langer Zeit in den Arm.
Die Eltern erleben ihren Sohn nun so, wie sie ihn lange nicht gesehen haben. Ben weint. Seine Mutter vergießt ebenfalls ein paar Tränen und sagt mit leiser Stimme: „Vielleicht sollten wir wirklich mehr Zeit miteinander verbringen. Und ich werde euch sogar zum Fußballspiel begleiten."
Ben muss lächeln und antwortet, nun schon wieder etwas frech: „Du beim Fußball, nur das nicht!"
Sein Vater hält es aber für eine gute Idee: „Demnächst werden wir gemeinsam ein Fußballspiel besuchen." Plötzlich wird er ganz ernst. Er nimmt seinen Sohn in den Arm und sagt zu ihm: „Also Ben, was du da gemacht hast, war ein ganz großer

Fehler! Und so leicht kommst du mir nicht davon. Wir gehen zusammen ins Stadion, das ist versprochen. Aber das machen wir, um wieder einmal etwas gemeinsam zu unternehmen. Das haben wir in der Vergangenheit viel zu selten getan. Es lag sicher auch an mir. Ich habe zu viel gearbeitet, und Mama hatte immer irgendetwas anderes vor. Und trotzdem: **Du musst begreifen, dass du etwas falsch gemacht hast!** Außerdem glaube ich, dass du zu viel Zeit hast, sonst würdest du so einen Blödsinn nicht machen. Ich habe schon eine Idee. Ich kenne den Leiter vom Tierheim ziemlich gut. Mit dem werde ich sprechen, ob du dort nicht nachmittags nach der Schule helfen kannst, die Ställe saubermachen, Tiere füttern, mit den Hunden Gassi gehen und solche Arbeiten halt … Und das mindestens drei Monate lang zwei Mal die Woche. Natürlich gibt es dafür kein Geld. Damit das ganz klar ist!"

Ben schaut seinen Vater mit großen Augen an. Ihm ist bewusst, dass es ihm ernst ist mit dieser Strafe. In diesem Moment erinnert er sich an seine eigenen

Worte bei ihren Spielen im Wald: **„Strafe muss sein! Wer verliert, wird bestraft!"**

Und er ist ja ebenfalls so etwas wie ein Verlierer – da ist eine Strafe nur logisch.

„Das ist eine gute Idee, findest du nicht auch, Ben?", meint seine Mutter. „Du magst doch Hunde, du magst unseren Mister X. Er ist ja schließlich dein Hund! Vielleicht kümmerst du dich auch wieder mehr um ihn."

Ben schaut sie an und kann nur verlegen nicken.

„Ich rufe den Tierheimleiter gleich an. Und ich hoffe, dass du aus der Sache gelernt hast und dass so etwas nie wieder vorkommt", beendet der Vater das Gespräch.

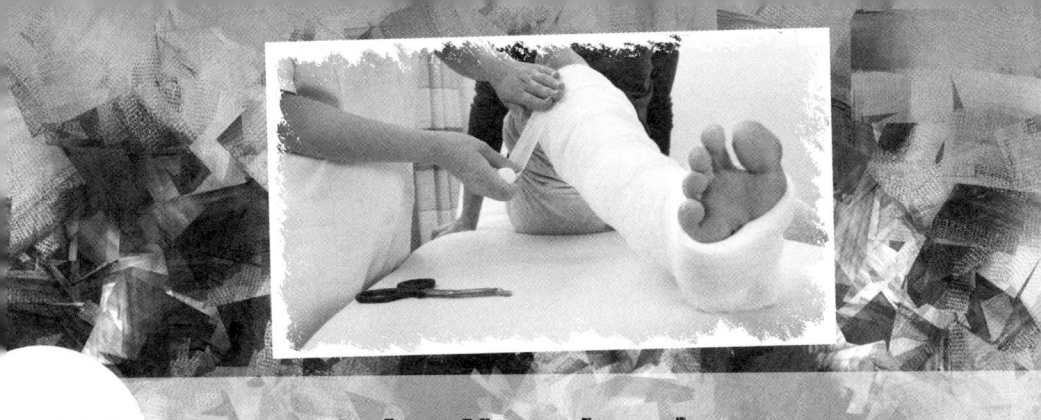

18 Besuch im Krankenhaus

Vorsichtig klopft Ben an die Tür des Krankenzimmers, in dem Paul bereits seit zwei Tagen liegt.
„Hallo, Paul", begrüßt Ben ihn. Er fragt vorsichtig: „Darf ich reinkommen?"
Paul ist verblüfft. Obwohl er eigentlich sauer auf Ben ist, winkt er ihn herein.
„Was willst du hier?", grummelt Paul.
„Schauen, wie es dir geht ... und ... ich wollte mich bei dir entschuldigen. Nur weil ich so bescheuerte Ideen hatte, liegst du hier im Krankenhaus. Das tut mir echt leid!" Verlegen schaut er Paul an. Dessen rechtes Bein ist vollständig eingegipst. Und am Kopf trägt er ein großes Pflaster.
„Hätte ich dir nicht zugetraut, dass du dich bei mir

entschuldigst", sagt Paul und fordert ihn auf, sich zu setzen.

„Ich habe dir was mitgebracht", sagt Ben und legt ein kleines Päckchen auf die Bettdecke.

Paul ist neugierig und öffnet es sofort. „Woah, cool, die Folge hab ich noch nicht. Woher weißt du, dass ich die sammle?"

„Ich habe deine Schwester Julia gefragt. Von der weiß ich, dass du die neueste Ausgabe von ‚Ghost Rider' nicht hast."

Paul grinst über beide Ohren und meint nur: „Super, bei so viel Seiten hab ich was zu lesen. Hier im Krankenhaus ist nämlich echt nicht viel los, weißt du? Die größte Abwechslung sind die Essenszeiten. Sonst nur tote Hose."

„Hast du Schmerzen?", will Ben von ihm wissen.

„Ich bekomm Schmerzmittel, so ist es auszuhalten. ‚Das wird schon wieder', haben die Ärzte gesagt. In ein paar Tagen darf ich nach Hause."

„Scheiße, alles, weil ich so eine blöde Idee hatte", gibt Ben zu.

„Weißt du, was ich wirklich am schlimmsten fand?", erwidert Paul. „Das waren gar nicht nur die Strafen.

Das war das Video, das du rumgeschickt hast. Weil mich alle angesehen haben, als wär ich der größte Idiot auf diesem Planeten. Das war echt hart."
Ben bekommt einen total roten Kopf. „Du hast recht, das war totaler Scheiß von mir. Vielleicht können wir zusammen ein Video machen, in dem ich mich bei dir entschuldige."
„Prima Idee, das finde ich gut … **und auch mutig.**"

Wieder klopft es. Herein kommen die Zwillinge Rebecca und Diego, Jeremy, Mustafa, Meik und auch Emma. Erstaunt stellen sie fest, dass Ben bereits an Pauls Bett sitzt.
Paul grinst und meint: „Stellt euch vor, Ben hat sich gerade bei mir für alles entschuldigt."
Ben schaut verlegen.
„Du hattest den Mut, dich für deine bescheuerten Ideen bei Paul zu entschuldigen?", fragt ausgerechnet die sonst so schüchterne Emma. Alle sehen sie an. Ben nickt nur und bekommt kein Wort heraus.
„Aber das ist noch nicht alles", fährt Paul fort. „Ben will ein neues Video machen. Darin will er sich für die Szene im Wald entschuldigen."

Alle schauen sich an und Rebecca meint: „Mensch, Ben, das hätte ich dir gar nicht zugetraut!" Dann zeigt sie auf Pauls eingegipstes Bein und meint: „Das sieht zwar nicht toll aus, wie du hier im Bett liegst, aber es scheint dir ja wieder einigermaßen gut zu gehen."

„Jetzt, wo ihr hier seid, geht's mir gleich viel besser. Und wisst ihr was? Ben hat mir den neuesten ‚Ghost Rider' mitgebracht. Toll – oder?" Und dann erklärt er: „Eines will ich euch sagen: So eine Serie wie dieses SQUID GAME schauen wir uns nicht mehr an." Die anderen stimmen ihm direkt zu.

Rebecca beugt sich zu Paul und flüstert: „Noch mal, das mit dem ‚Feigling' im Wald habe ich wirklich nicht so gemeint."

Paul meint leise: „Ist okay, hab ich schon wieder vergessen."

Rebecca ist erleichtert.

Ben ist froh, dass die Clique ihn nicht ausschließt. Begeistert berichtet er: „Stellt euch vor: Meine Eltern haben sich seit dem Unfalltag nicht mehr gestritten. Toll, was? Und wir gehen bald sogar gemeinsam zu einem Fußballspiel. Das hatte ich mir ja schon so lange gewünscht. Da kann keine Serie mithalten. Trotzdem soll ich eine Strafe bekommen und im Tierheim aushelfen."

Die anderen berichten ebenfalls, was zu Hause los war. Sie hatten sich einiges anhören müssen und es hatte auch Strafen gegeben.

Sie unterhalten sich und überlegen, was sie gemeinsam machen könnten. Schließlich haben sie ja schon viele Sachen zusammen gemacht, die Spaß gemacht hatten und nicht gefährlich waren.
Rebecca und Diego erzählen von ihrem Training im Fußballverein und den spannenden Spielen am Wochenende.
„Rebecca wird bestimmt mal Nationalspielerin", sagt Diego ganz stolz. „Jedenfalls kann sich das unser Trainer vorstellen."
„Du bist aber auch nicht schlecht", meint Rebecca und klopft ihrem Bruder dabei auf die Schulter.
„Nur unser Torwart, der ist nicht so toll, der würde viel lieber in der Abwehr spielen. Aber weil wir

keinen Torwart hatten, hat der Trainer ihn einfach ins Tor gestellt", erzählt Diego.

„Torwart, das bin ich schon auf dem Bolzplatz. Vielleicht könnte ich bei euch mitspielen, wenn mein Bein verheilt ist", mischt sich nun Paul ein. „Als Torwart bin ich bestimmt unschlagbar – und Angst vor einem blauen Auge habe ich auch nicht. Das wisst ihr ja!" Und dann sagt er noch: „Ich hab da eine Idee! Wir könnten doch alle mit in den Fußballverein."

„Und ich werde dann euer Mannschaftskapitän", ist Ben wieder obenauf.

Wie aus einem Mund kommt sofort die Antwort der anderen: „Oh man, nur das nicht!"

Da johlen sie alle und auch Ben muss mitlachen.

Autor: Hans-Jürgen van der Gieth

rund dreißigjährige Lehrtätigkeit an allgemeinbildenden Schulen (Deutsch, Politik, Sozialwissenschaften, Erdkunde, Sport) und in der Erwachsenenbildung; Moderator zahlreicher Fortbildungen und mehr als zehn Jahre tätig in der Schulleitung; seit einigen Jahren selbstständiger Autor und Verleger

Autor: Ulli Potofski

Ulli Potofski, erfolgreicher Radio- und Fernsehmoderator, Sportreporter, Kinderbuchautor und Verleger, möchte Kinder zu Lesern machen. Besonders erfolgreich sind seine Leseshows, in denen er die Kinder mitnimmt auf eine kreative Reise durch die Geschichten seiner Romane.

Weitere Bücher im BVK Buch Verlag Kempen

Stefan Schwinn
GHOSTKIDS – Spuk in London

Barbara Rath
Vollhorst!

An der Geisterakademie zu Cambridge erwartet Hazy McMazy, Tacitus Twiggs und Foggy Bog eine faustdicke Überraschung. Als angehende Ghostkids werden sie auf ihre erste Mission nach London geschickt. Dort sollen sie eine Halloweenparty kräftig durcheinanderwirbeln, die Michael Doodle mit seinen Freunden feiert. Kaum treffen sie dort ein, geraten sie von einem Missgeschick ins nächste. Gemeinsam mit Michael, seiner Schwester Sue und seinem Freund Sam werden sie schließlich in einen aufregenden Kriminalfall verwickelt.

Ben hält seinen Großonkel für einen echten Vollhorst, einen Vollidioten eben. Aber egal, ob der Junge will oder nicht, er muss mit diesem Menschen in den unmöglichen Cordhosen und mit seinen schrecklichen Gewohnheiten eine Zeit lang auskommen, denn Bens Mutter liegt zu Beginn der großen Ferien plötzlich nach einem Autounfall weit entfernt in einem Krankenhaus.

Hardcover, 152 S., Best.-Nr.: LI115
ISBN 978-3-86740-891-2, EUR 8,50

Taschenbuch, 120 S., Best.-Nr.: LI53
ISBN 978-3-86740-261-3, EUR 6,50

Weitere Bücher im BVK Buch Verlag Kempen

Guido Kasmann
Allaq

Allaq, der Inuitjunge, ist plötzlich auf sich allein gestellt und der Gnadenlosigkeit des ewigen Eises ausgeliefert. Wenn er überleben will, muss er Menschen finden, die ihn aufnehmen.
Sein Weg führt ihn durch die Eiswüste. Er kämpft gegen Walrosse, Eisbären, Schneestürme, unmenschlichen Hunger und Erschöpfung. Und vor allem kämpft er darum, nicht aufzugeben.

Aber als er schneeblind wird, scheinen ihn seine letzten Kräfte zu verlassen ...

Hardcover, 128 S., Best.-Nr.: LI74
ISBN 978-3-86740-474-7, EUR 6,90

Guido Kasmann
**Lena! Chaos!
Klappe, die erste!**

Lena ist begeistert. Ein Filmteam will in der Pension, in der sie mit ihrer Mutter lebt, drehen. Doch die Aufnahmen verlaufen chaotisch: Satan, ihr Hund, bellt in die Szene, die Ratte Karlchen beißt die Stromkabel der Scheinwerfer durch und eine Katze bringt den allergiegeplagten Regisseur an den Rand eines Nervenzusammenbruchs. Dann ist auch noch plötzlich Matthäus, Lenas Steppenwaran, aus dem Terrarium verschwunden und eine hektische Suchaktion beginnt.

Hardcover, 240 S., Best.-Nr.: LI105
ISBN 978-3-86740-777-9, EUR 8,90

Weitere Bücher im BVK Buch Verlag Kempen

Jutta Wilke
Florentine oder wie man ein Schwein in den Fahrstuhl kriegt

„Was fressen Schweine eigentlich zum Frühstück?", fragt sich Clemens-Hubertus, nachdem er ein Schwein im Garten entdeckt hat. Das Schwein heißt Florentine und ist ein entlaufenes Zirkusschwein, das Clemens' Leben ganz schön auf den Kopf stellt. Zum Glück hilft ihm Erdal, der mit seinen Eltern, Großeltern und acht Geschwistern in einer Wohnung im siebten Stock wohnt. Florentine soll auf den Balkon – aber dazu muss sie erst in den Fahrstuhl!

Ulli Potofski
Lockes Matchplan – Fußballprofi

Locke, dreizehn Jahre alt, ist ein begabter Fußballspieler. Sein Ziel: Fußballstar werden. Doch wie soll er das schaffen? Er macht sich einen Plan, einen Matchplan, Lockes Matchplan. Dass das Leben nicht immer so spielt, wie Locke sich das vorgestellt hat, dass es auch Hindernisse und Rückschläge gibt auf seinem Weg, wundert nicht. Auch seine Freundin Eva spielt eine wichtige Rolle …

Hardcover, 140 S., Best.-Nr.: LI103
ISBN 978-3-86740-751-9, EUR 8,00

Hardcover, 192 S., Best.-Nr.: LI71
ISBN 978-3-86740-460-0, EUR 9,90